ベーシックサービス

「貯蓄ゼロでも不安ゼロ」の社会

井手英策
Ide Eisaku

小学館新書

はしがき

みなさんは《ベーシックサービス》という言葉を知っていますか？

ベーシックインカムなら知ってるよ！　そんな声が聞こえてきそうです。

でも、インカムじゃありません。サービスです。

私たちは病院や介護施設、大学でお金をもらうことはありません。でも反対に、病院ならお医者さんから、介護施設なら介護士さんから、大学なら先生から、お金をはらってでも受けとろうとするものがあります。そう、医療、介護、教育といったサービスです。

これらのサービスのなかで、だれもが必要とする基本的なサービスをベーシックサービスと名づけ、収入の多い少ないに関係なく、すべての人たちがそれを使えるようにしようという提案、これがベーシックサービスの無償化です。

えっ？　お金持ちも、貧しい人も、みんなタダで病院や大学に行けるようになるの？

そんなのムリに決まってるじゃん！　そう感じた人がほとんどかもしれません。

　でもちょっと待ってください。この考えは決して夢物語ではありません。

　与党の公明党は、党大会でベーシックサービスの理念を活《い》かしながら日本の将来ビジョンを作ることを断言し、同党の「ＯＳＡＫＡ未来ビジョン」でも「子育てベーシックサービスを推進」が大きく取りあげられています。同じ関西で言えば、前の明石市長である泉房穂さんも著作や講演でこの言葉をお使いになっているそうです。

　野党も見てください。立憲民主党の基本政策には、ベーシックサービスの拡充という言葉が出てきます。国民民主党の代表や政治家もこの言葉を使っていますし、両党を支持する労働組合のナショナルセンター、連合もベーシックサービスの拡充を支持しています。

　現実の政策を見てみますと、２０１９年に幼稚園や保育所といった保育サービスがすべての人たちに無償化され、全国で給食や子どもの医療といったサービスがタダになり、岸田文雄政権も、多子世帯の大学授業料を所得制限なしで無料にすることを決めました。

　あまり知られていない言葉なのに、現実の政治に大きな影響を与えているベーシックサービスというアイデア。なんとも不思議な話ですが、じつはこれ、僕が２０１８年『幸福の増税論』（岩波書店）で提案し、２０２１年に出された本書の原型『どうせ社会は変えられないなんてだれが言った？』（小学館）をきっかけに広がった考えかたなんです。

10年前だったら、「そんなのムリに決まってるでしょ？」とバカにされていたかもしれません。でもコロナ禍をはさんだこの数年間、僕の提案した考えはおどろくようなスピードで政治の世界に広がっていきました。

べつに「俺が考案者だ！」といばりたいわけじゃありません。もちろん製造者責任はあります。作った以上は、どんな考えかたなのか、どんなメリットがあるのか、その特徴をあますところなくみなさんにお話ししなければなりません。

でもそれだけじゃないんです。

ベーシックサービスの話を聞くと、おそらくほとんどの人が、「ふーん、たしかにそうなればいいんだけどね」って、ちょっと突き放したような感想をもつと思います。学校がタダ、病院がタダと言われれば、嬉《うれ》しさ半分、うそっぽさ半分ですよね。よくわかります。

この本は「解説書」でもなければ、みなさんが成功者になるための「自己啓発書」でもありません。本書のねらい、僕が挑みたいのは、この「ふーん」っていうみなさんの空気を変えることなんです。

なぜ、サービスをタダにする、という話はいかがわしいのでしょう。それはたぶん、自己負担をなくし、みんながタダで学校に行ける、病院に行けるという社会を作るだけならば、ただのバラマキと同じだからです。

実際、コロナ禍では、信じられないほどのお金がバラまかれました。コロナが一段落したあとも、岸田政権では所得税の減税、貧しい人たちに向けたお金の給付が続けられ、野党は野党で消費減税の声をあげ、消費税をさげない政府は、「ひかえめに言っても国民殺しに来ている」という耳をふさぎたくなるような悪口まで飛びかいました。

僕の思想は、「みんなタダにする」という部分だけが切り取られ、すっかりゆがめられて伝えられました。それだけに、2018年、そしてこの本の原型が出た2021年とは比べものにならないほど、自分自身の思想を世に問いかえす必要を感じています。

僕は、財源のあてもなしにサービスやお金をバラまくような、無責任な政治のために考え、発言してきたのではありません。私たちがつくった借金だけどあとはよろしくね、なんて、自分の子どもに言えないような政策を支持する気は毛頭ありません。

はじめにお断りしておきます。僕は政治家のみなさんが口にしたがらない「税」の話とセットでベーシックサービスの無償化、そして日本社会の未来を語ります。

だれだって税はきらいです。僕が本気で売れる本を書きたいのなら、政治家や評論家と同じように財源論には目をつぶるべきなのかもしれません。

だけど確信があるんです。多くの人たちが日本の財政の未来に危機感を持っています。月に何度も全国でお話をする機会をいただきますが、話を聞いた多くの人たちが「井手さんの言うとおりになるのなら税をはらってもいい」とおっしゃいます。

みんな税の話がきらいなのではありません。もらっている感にとぼしい、何のために税金をはらっているのかわからない、はらったお金の使い道が信用できない……みんな、正しい税の使いかた、納得できる説明を聞きたがっています。それなのに、政治家たちは税の話をする勇気すら持てずにいる。時間だけが過ぎ、借金はふくらむ一方だというのに。

いまこそ、日本のこれからを語りあう、当たり前の場所が必要ではないでしょうか。

ポストコロナの日本社会はこのままでいいのかな?

国の借金返済だけじゃなくて、もっと前向きな税と支出の話を聞いてみたい!

税の話なんて、選挙のことしか考えていない政治家にはできっこないでしょ？

そうなんです。僕がこの本を届けたいのは、「社会の変えかた」について考えたことのある、半歩でいいから前に進みたいと思ってるあなた、自分や子どもの未来、このままじゃマズイな、何とかしなきゃな、そうぼんやりと思いながら、日々の暮らしに追われてしまってるあなたなのです。

空気を変える……まさに、言うは易《やす》し、おこなうは難《かた》し、です。ですが、まずはこの本を手に取ったみなさんと僕の距離を近づけないことには、いっしょに考えよう、語りあおうという雰囲気なんて生まれっこないですよね。

僕は、たとえやりかたはちがっても、ともに考え、ともに歩みを進めようと意欲する仲間をひとりでも増やしたいとねがっています。ですから、あえて自分の痛みと悲しみをさらけだし、なぜ社会を変えなければならないのか、なぜこんな本を書こうと思ったのか、その理由を全力で伝えることからはじめることにしました。

僕は学者です。だけど学者である前に人間です。僕には僕の生いたちがあり、原体験がありまます。そして、それらが土台となって自分の理論ができ、その理論をリアルな政治に本気で突きつけ、傷つく、どぎつい経験をしました。

思想は、理論と現実世界での体験とが混ざりあって生まれるものです。ですから、僕の理論に、これまで感じてきた痛みや悲しみ、喜びという感情を重ねあわせて、なぜポストコロナの日本でベーシックサービスが重要なのかをじっくりとお話ししようと思います。

捨て身の丸腰でなければ、みなさんの心に届く本なんて書けません。みなさんの心に届く本を書けない人間が、世の中の空気を変えることなんて絶対にできません。心がふるえ、みながひざを打つような政策を示す。なぜその政策が必要なのか、だれよりもわかりやすく語り、感じてもらう。それがこの本の目標、ゴールです。

そんなことができるの？　僕にもわかりません。でも、できないからやらない、やりたくないからできない理由を考える、これが日本社会の最大の病なのではないでしょうか。

空前かつ絶後の一冊を書こうと思います。そんなの言い過ぎだよ、と笑わないでください。破天荒な本が一冊くらいあってもいいじゃないですか。日本の未来についてみなさんといっしょに考えてみたい、僕は本気でそう思ってるのです。

本書は、２０２１年7月に弊社より刊行された『どうせ社会は変えられないなんてだれが言った？　ベーシックサービスという革命』を新書化したものです。新書化にともない、大幅な改稿をおこなっています。

ベーシックサービス　目次

序章

運で未来が決まる理不尽に怒りを！

「俺のようになったらいけんよ」と学者が語るわけ

いきなりかよ、とあきれないで聞いてください。うちには4人の子どもがいます。長男は15歳で末っ子は4歳。まさに育児のどまんなかにいるわけですが、そんな僕がかかえこんできた問題があります。

それは、子どもたちにどうやって未来を語ればいいのか、という問題です。

最近、「俺のようになったらいけんよ」と思わず口にしてしまう自分がいます。僕は大学の教員です。ふつうに考えれば社会的に成功しているとみなされそうな僕が、子どもたちに「俺のようになるな」と言う。おかしな話だと思いませんか?

でも、同じ生きかたを押しつけても彼らは幸せになれっこない、そう感じられてならないのです。だから、いまの僕にはこれよりいいアドバイスが見つからないんです。

僕が大学生になったのはバブル崩壊直後の1991年でした。

当時、学生のなかでまことしやかに言われていたのは、「30歳で年収1000万円ならしかたないよね」というフレーズでした。

僕のかよっていた大学では、官僚になること、公認会計士になることがまず評価されて、銀行、商社、証券会社などは、お給料がいいからしかたないから行く、そんなえらそうな言いかたがふつうにされていました。

昔の話をふと思いだし、いまの30歳の平均年収はどれくらいなのか、慶應の学生たちに聞いたことがあります。返事はこうでした。

「30歳？　６００〜７００万円くらいじゃないですか？」

30年近くたつのに平均年収が僕たちの時代の６〜７割！　マジか？　ウソでしょ？　思わず僕はその子たちに聞きかえしてしまいました。

受験戦争を勝ちぬけば、いい大学、いい会社に入れて、都会でゆたかに暮らしていける。私たち「団塊ジュニア（１９７１〜74年生まれ世代）」は、どの世代にも増して、この成功モデルを信じ、実践してきたように思います。

高度経済成長を知る大人たちにみちびかれ、「努力の先に待つのは幸福だ」「未来のためにいまガマンするのはしかたがないんだ」、みんなそう教えられてきました。

でも、その足もとでは、土台が大きくゆらいでいました。そうです。１９９０年代の後半ごろには、日本の経済はすっかり成長する力を失っていたのです。

自分で生きろ！　と言われても

所得が減り、日本社会がおかしくなっていくプロセスについては、第一章でゆっくりお話ししましょう。細かい話をする前に確認しておきたいことがあります。

所得が増えず、将来の見通しが立たないのはだれだっていやですよね？

子どもを不安にさらしたいと思う人はいませんよね？

だったら、大人たちが出産をあきらめるのは、当然のことだと思いませんか？　子どもにかかるお金を減らして、将来のためにたくわえておこうとするのは自然なこと。なんと言っても最後に頼れるのはお金ですからね。

もし、子どもを産めたとしても数はかぎられますし、わが子が安心して生きていけるよう、消費をけずってお金を貯《た》め、教育にまわさなければなりません。日本政策金融公庫の調査によると、教育費をしぼりだす方法の1位は「節約」、2位は「預貯金や保険の取りくずし」となっています。まあ、そうだよね、という結果です。

ようするに、子どもを産んでも、産まなくても、貯蓄が欠かせないわけです。収入が減っても貯蓄だけは減らせません。かわりに減るのは消費。だから、経済はますます停滞し、がんばって働いても暮らしは楽にならない、という悪循環が生まれるわけです。

じつはこの問題は、日本だけでなく、たいていの先進国で起きています。でも、大きなちがいがひとつあるんです。それは、本書の最後でもお話ししますように、日本は「自分だけの力」で生きていくことをとりわけ大切にしてきた国だ、ということです。

たとえば、ヨーロッパでは、多くの国がさまざまな給付プログラムを準備してくれています。失業したとき、子どもを産み育てるとき、家族の介護のために仕事をはなれるとき、政府の支援、安心のレベルが日本とはちがいます。

反対に、日本では、将来の《必要》に貯蓄でそなえなければなりません。図序-1（24ページ）を見てください。日本は現役世代への暮らしの保障がとても弱いことがひと目でわかります。

ここには教育費が入っていませんが、大学の授業料の自費負担は先進国でトップレベルです。病院のお金、子どもの教育費、家の購入費、色んなものを自己責任ではらわない

図序-1　現役世代向け社会保障支出の対GDP比の各国比較

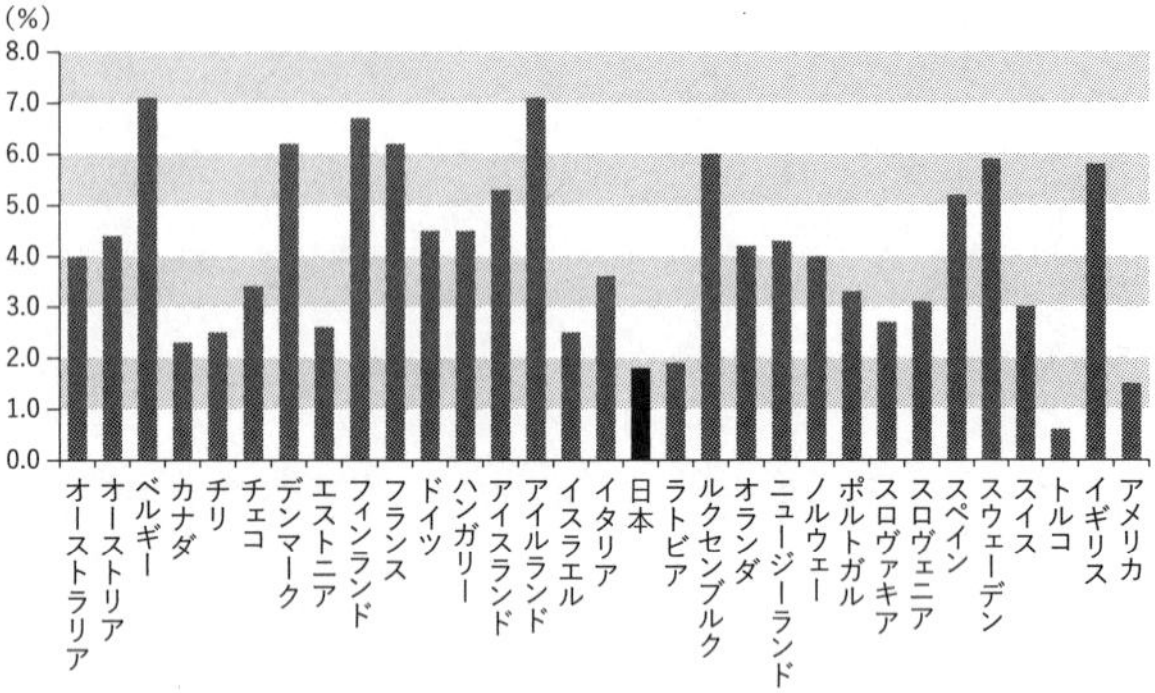

出所：OECD. statより作成
注：現役世代向けは「家族」「住宅」「失業」「積極的労働市場政策」の合計。

といけない社会になっているのです。

だからみなさんに聞きたいのです。しぼみゆく経済を残されていく子どもたちにむかって本当に言えますか？「大人たちのようにがんばりなさい、自分の力で生きていきなさい、そうすればきっと幸せになれるよ」って。

あきらめたらダメ！　わかっちゃいるけど

団塊ジュニアの私たちは、少しでも見晴らしのよい景色を手に入れたくて、高みをめざして険しい山を登ってきました。30代、40代の人たちも同じ感じでしたか？

だけど、ふと気づけば、登っている山じたいが地盤沈下を起こしていました。もがき苦しんで頂上にたどり着いたのに、風景はたいして変わらないことを知り、多くの人がガッカリしている、これが日本社会の「いま」なのだと思います。

だからと言って、「がんばれば必ず報われる」「とにかくいい学校に、いい会社にいきなさい」という価値観を捨てさるのは簡単じゃないですよね。私たちの経済は昔の経済とはちがう、お金よりもっと大事なことがある、なんとなく気づいてはいても、「受験からおりてもいいよ」とはなかなか言いだせません。

それもそのはず。私たちの力ごときでは、競争を前提にしている社会のいまなんて変えられませんから。それがたとえ勝ち目のない、ムリな競争だったとわかっていても。

でも、みなさん。このあきらめは本当にしかたないことなんでしょうか。

僕にはそう思えません。と言うか、思いたくありません。だって、大人のごまかしをすりこまれる子どもたちはたまったものじゃないじゃないですか。それなりの学校にいけば幸せになれるから、そう言いふくめて、細りゆく未来に子どもを投げだす。とてもじゃありませんが、僕にはこわくてそんなことできません。

「井手さんはいいよ。競争に勝って、大学の教授になったんだから。だから社会を変えよう、しくみを変えようなんて、できもしないこと考えられるんだよ」

「競争の何がいけないの？　グズグズ言ってるひまがあったら、競争に勝つためにがんばったほうがいいんじゃない？」

こんなふうに感じる人もいるかもしれません。でも、もうちょっとガマンして聞いてください。「俺のようになったらいけんよ」というメッセージの裏には、僕自身の、苦くて、つらい記憶があるのです。

いまを生きられなかったくやしさ

2011年4月16日のことでした。僕は脳内出血で死にかけました。

忘れもしません。東日本大震災の直後、なだれのように舞いこむ仕事の合間をぬって、被災した友人たちの手伝いをしたくて僕は現地入りしてていました。疲労は極にたっしていました。被災地の現実を見て大きなショックを受けてもいました。東京にもどって数日たったある日、僕はめまいで倒れ、頭を床に強く打ちつけてしまったのでした。

頭のなかの出血が止まるかどうか。命は「運」にまかされました。止まらなければ、死ぬか、障がいが残るか、どちらかでした。

死ねればいいんです。住宅ローンは消え、生命保険がおります。でも、うっかり生きのびて働けなくなったら大変。家は取られ、子どもは進学をあきらめなきゃいけません。そんな重大な未来があっさりと運にゆだねられてしまったのでした。

僕は、子どもの頃からひたすらに勉強をかさね、名門大学に進学し、大学の教授になりました。それなのに、結局は、運・不運で自分の人生が決まってしまうわけです。言葉にあらわしようのないむなしさにおそわれました。こんなことになるんなら、もっと自分の人生を楽しんでおくべきだった、心から後悔しました。

そうなのです。よく「これまでの人生が走馬灯のように浮かぶ」と言いますよね。でも、勉強と仕事しかしてこなかった僕には、楽しい記憶、うれしい思い出があまりなかったのでした。僕は、くやしくて、みじめで、病院のベッドで布団をかぶって泣きました。

「俺のようになったらいけんよ」と言いたくなる気持ちをおわかりいただけますか？

勘ちがいしないでくださいね。努力なんて無意味だ、と言いたいのではありません。努力は大切に決まっています。でも、どんなに努力して成功を手に入れたとしても、私たちの未来は簡単に運に左右されてしまう、ということを僕は知ったのです。

だから思うんです。たまたま不運に見まわれた人たちが安心して生きていける社会を作るべきじゃないのか、未来のためだけじゃなくて、いまを生き、たくさんの思い出を手に入れてもなお、安心して暮らしていける世の中を作るべきじゃないのか、そうしないかぎり、僕は死ぬまでウソをつき続けねばならないんじゃないのか、と。

愛する人が助かると家族が不幸になる社会

たまたま運が悪かった人たちのこと。それはおそらく、ほとんどのみなさんにとって他人事《ひとごと》なのかもしれません。

でも本当にそうでしょうか。高収入の共かせぎカップルを考えてみてください。パートナーが心の病にたおれたとします。彼/彼女が失業すれば、住宅ローンはどうなります？子どもの教育費はどうなります？　ここでも話は同じですよね。働けない人が死んでしまったほうが、家族の暮らしは確実に安定します。

親が要介護状態になり、介護のために仕事をやめる人がいます。どんなに苦労をしても親を最期まで大事にしたいというやさしさがそこにはあります。ですが、親の病じたいが運であり、親が何歳まで生きるのかによっても、肉体的、金銭的な負担、仕事にもどれるタイミングが大きくちがってきます。ここでもすべてが運に支配されています。

僕はラッキーなことに助かりました。でも、運が悪ければ、すべてをなくしたかもしれませんでした。この運しだいでどちらに転ぶかわからない《将来不安》という名の恐怖は、貧しい人たちだけでなく、すべての人たちにひらかれているのではないでしょうか。

それだけじゃありません。悲しいことに、いずれの例でも、人間が生きのびることによって、まわりにいる家族が不幸になったり、負担を強いられたりする可能性があります。

これって当たり前なんでしょうか。

正社員への道は、以前よりせまく、険しいものになりました。それなのに、運が悪ければ正社員でも人生を棒にふってしまいます。だからいま、大勢の大人たちが日々の暮らしに、老後の暮らしに、言い知れぬ不安をかかえ、おびえています。

それなのに、私たちは、不安定な世の中に人生をかけろ、未来の幸せのためにいまをガマンしろ、と子どもたちに言わなければならないのです。仮に正社員になれても、成長は行きづまり、うばいあいが待ち受けているとわかっているのに、貧しくなるよりましだからがんばれと背中をおさなければいけないのです。

こんなの「勝つための競争」じゃなく「負けないための競争」ですよね。僕は30年近く研究を続けて、社会のあちこちにある「生きづらさ」を知りました。このくたびれた社会をほったらかしにするとしたら、いったいなんのために研究者になったのだろう。ずっとそう自問自答してきました。

でもこの悩みは僕だけのものじゃないと思うんです。この社会を作ってきた／作っているのはみなさんなのだから。私たちは、親として、先に生まれた先輩として、いったいどんな顔をして、この国の未来、その子の未来を語ればよいのでしょうか。

みなさんと社会の「語りかた／変えかた」を考えたい

話を続けましょう。「国際社会調査プログラム（International Social Survey Programme）」を見てみます。これらを政府の責任だと思いますか？　という質問にNOと答えた日本の人たちの割合を順位で示したものです。

「病人が病院に行けるようにすること」1位／35カ国
「高齢者の生活を支援すること」1位／35カ国
「失業者の暮らしを維持すること」2位／34カ国
「所得格差を是正すること」6位／35カ国
「貧困世帯の大学生への支援」1位／35カ国
「家を持てない人にそれなりの家を与えること」1位／35カ国

みなさん、なんだか悲しくなりませんか？

所得格差を小さくするには、貧しい人にお金をあげるか、お金持ちに税をかけるかしかありません。OECD（経済協力開発機構）にくわわっている21カ国のなかで、このふたつの格差の改善効果をくらべると、日本は、前者は19位、後者はビリ。私たちは明らかに「弱い立場に置かれた人たち」への関心を失いつつあります。

ここでも同じです。運がよければそれでいいでしょう。幸せに生きていけます。でも、運が悪ければ、どんなにキャリアを積んでも、ちょっとしたきっかけで奈落の底に突き落とされます。貧しい人に無関心で冷淡な社会は、いつ、自分や子どもたちに牙をむくかわからないのです。

どうしてこんなことになったのでしょう。

戦後しばらくはちがいました。戦争に敗れ、多くの人たちが飢えや貧しさを経験しました。私たちの親世代は、貧困のない社会を作ろうとしました。その努力は偉大なものでした。そして、ほとんどの人が生きるか死ぬかという不安から解放されました。

でも、幸福な時代は終わりました。貧困から自由になった私たちは、たしかに、貧しさや飢えの苦しみを知らずに育ちました。でも、成長は頭打ちとなり、収入は年を追うごとに伸び悩んでいくようになりました。

貧困を想像できない私たちにとって、大切なのは、人の痛みよりも自分の暮らしです。多くの人たちが、生活を守るために、子どもを減らし、欲しいものをあきらめ、人並みの暮らしをなんとか維持しようと必死になって生きています。

貧困への想像力を失い、いろんな欲求を抑えながらなんとか生きている人たちからすれば、自分と同じように苦しむことなく、国の金に頼ってボーッと生きているように見える人たちが気に入らないのは自然なことです。

まじめに生きてる俺だってしんどいんだからお前もガマンしろ！　そんな自己責任や自助努力をもとめる声、同調圧力が社会にあふれかえるようになるのも時間の問題でした。

私たちは、ぼんやりとした不安につつまれて生きています。ですが、今日よりもすばらしい明日を見とおせない社会、生きづらい社会をこのまま残して死んでいいのでしょうか。僕はいやです。絶対にいやです。恐怖や不安ではなく、希望を語りあえる、生まれてよかったと言える社会を子どもたち、若者たちに残して死にたい。

だからみなさんと考えたいのです。《社会の語りかた／変えかた》について。だから僕は若い人たちにこう言いたいのです。自分の命を、自分らしく燃やしなさい。それでも安心して生きていける世の中を俺たちが作っておいてやるから、と。

理不尽に怒りを！

なんと言えばいいのでしょう。ここまでの短い文章を書くだけで、ものすごいエネルギーを使った気がします。みなさんにどのくらい想いが伝わっているのかはわかりません。でも、まずは僕からみなさんにボールを投げないと、なにもはじまりませんよね。

次の章からは、いろんなデータをお見せし、日本の歴史、他の国の経験に学びながらお話をしていきます。ですが、ここでもう一点だけ、僕自身の体験をもとに、社会の理不尽さにたいするみなさんの考えを問いたいと思います。

僕はとても貧しい家庭で育ちました。母子家庭の生まれで、母のスナックのカウンターで毎日勉強して大きくなりました。母、そして一生独身を貫いた叔母、二人が借金まみれになって僕を大学、大学院に行かせてくれて、いまがあります。

僕は大学の教員になれました。おかげで、この本をつうじてみなさんと対話できる幸せ、何物にもかえられない喜びを感じることができています。ですが、母子家庭や貧しい家庭に生まれた子どもたちは、その多くが勉強や進学の機会を与えられず、未来をあきらめねばなりませんでした。そんな子どもたちを僕はたくさん見てきました。

この途方もなく大きな差は、いったいだれの責任なのでしょう。この途方もなく大きな差を、学者である僕はいったいどうやって説明すればいいのでしょう。

ここに僕の怒りの根源があります。

質問させてください。子どもは親を選べません。なのに、貧しい家に生まれたというだけで大学や病院に行けない子どもがいます。そんな社会は「公正」な社会でしょうか？

生まれたときに障がいがある子がいます。それだけの理由で、不当なあつかいを受け、色んなことをあきらめなければいけない社会が「公正」な社会でしょうか？

うちには３人の娘がいます。女の子として生まれたというだけで、性別や出産を理由に大好きな仕事をあきらめなければいけない社会は「公正」な社会でしょうか？

教えてください。自分が当事者だったら、子どもたちが不運な側に置かれたら、その理不尽な現実を「しかたない」の一言ですませられるのでしょうか？

極貧の母子家庭にありながら母は僕を産んでくれました。同じような環境であきらめられた命は数えきれないほどあったでしょう。でも僕は幸運にもこの世に生をうけました。ありがたく、そして、くやしく思います。

ステファン・エセルは、『怒れ！憤れ！』という本のなかで、「怒り」は人間の大切な感情のひとつだと訴えました。僕はこの社会から公正さが失われていること、理不尽な現実への怒りを伝えていきます。人間らしくみなさんに。若い人たちに。

だってしょうがなくね？

日本は現役世代の暮らしを支える力が弱い国です。失業手当をもらえる人の割合は少なく、他の先進国では当たり前の住宅手当（家賃の補助）すら整っていません。これに大学を中心とした教育、医療や介護の自費負担がくわわります。いまの暮らしも、老後の暮らしも安心できないことにみんな気づいています。

生活が保障されない国である以上、子どもたちを受験戦争に巻きこみ、競争を強いるしかありません。私たちはいつまでも子どもの面倒を見られません。自己責任で生きていける大人になってもらうしか、子どもたちが生きのびる道はないのです。

もちろん、競いあうことの大事さは僕だってわかっています。

でも、競争を強いる社会では、自己責任で生きていけない人たちを見下す空気が生まれます。競争の敗者は、努力の足りない人、情けない人とみなされます。その冷たい空気は、自分や子どもたちにブーメランのようにはねかえり、私たちの身を切りつけることになるかもしれないのに、です。

いや、事態はもっと深刻でしょう。人間に競争を押しつける社会は、自由を否定する社会です。競争する／しないを選べる、つまり生きかたを選べることこそ、自由な社会の前提なのですから。私たちは生きるうえでの選択肢をもっと増やさなくてはなりません。

競争するかしないかを選べる社会を作る、それは、競争しなくても安心して生きていける社会を作ることを意味しています。社会主義とはちがいます。競争を否定するのではなく、競争とはちがう生きかたも尊重する社会を創造するのです。

でも、僕の想いが期待どおりにみなさんの心に届くのか、どうしても自信がもてずにいます。なぜなら、社会を変えよう、よりよい社会をつくろう、力めば力むほど、冷めた目で見られるに決まっている、そんな決めつけめいたものが僕のなかにあるからです。

だって、みなさんも聞いたことがあるでしょう。若者や大人だけでなく、子どもたちまでもが口にしはじめている、この悲しい言葉を。

「だってしょうがなくね？」

政治家のせいだ、はもう聞きあきた

それでも僕は自分をふるい立たせ、みなさんに語りかけていきます。絶望のなかに希望を見いだす力を持っているのが人間だと思うからです。

不安な未来に子どもを投げだすしかない、下手に生きのびれば家族に迷惑をかける、社会から公正さが消えようとしている……これらの理不尽を終わらせるためには、私たちは目の前の現実に怒り、政治を使いこなそうと意欲するしかありません。

政治の世界では、目をおおいたくなるような、くだらない事件が次々と起きています。だから私たちは、行動しない、世の中に異議申し立てをしない、そんな自分のことをたなにあげ、ついつい政治家をさげすみ、ののしることで満足してしまいがちです。

でも、ひとにぎりであれ、心ある政治家はいます。政治家や他人の悪口を言っているだけでは何も変わらないことに気づいている人たちだって大勢います。

政治を使いこなそうと思えば、将来のビジョンを示す政党を見きわめ、大切な1票を投じていかねばなりません。そのためには、さまざまな政策の束を読みとき、比べ、選びとる、私たちの眼力が問われます。そんな力を身につけないかぎり、政治家の悪口など何の役にもたたないことを私たちは知っています。

これはしんどいことです。めんどくさいことです。

でも、私たちが公正さについて考え、理不尽さに怒り、それを表現するようになったとき、そのときが本当のスタートではないでしょうか。政治を好き勝手にあやつり、世の中をわが物のようにあつかってきた人たちは、私たちをおそれ、私たちの幸せを本気で考えなければならなくなるはずですから。

政治に失望し、だまりこむのではなく、信じ、怒り、発言する。そのためには知らなくてはなりません。私たち一人ひとりにとっての理想の未来を思いえがかねばなりません。

はしがきでは「捨て身の丸腰で」と言いました。これから、これまで僕が考えてきたこと、体験したこと、そしてこみあげてくる想いを、そのままみなさんにぶつけていきます。熱苦しい本になる予感しかしません。でも、生活の安心を土台に、すべての大人たちと子どもたちが《私たちの社会》を語りあえる時代がくればどんなに愉快なことでしょう。

自分たちの生きる社会の理不尽さに気づき、答えをさがそうとあれこれ考え、語りあう。

そんなささやかな努力の先に、未来の幸せだけでなく、いまの目の前の幸せも大事にできる、おだやかな世界が待っているのではないでしょうか。

さあ、語りあいましょう。私たちのいまについて。日本のこれからについて。

第一章

政治にひねりつぶされて生まれたベーシックサービス

まさか、あの自民党が！

社会を語ろう、変えようと言われても、99％の人たちは、意識高い系のインテリのたわごとだと思うか、活動家にありがちな思いこみだと感じることでしょう。

その批判はもっともです。９年前の僕なら同じことを感じたでしょう。９年前、そう、９年前の僕ならそう言ったはずなんです。

でも、この９年間で、僕の考えかたは大きく変わってしまいました。

この章では、ひとりの学者が社会を本気で変えようと決意し、立ちあがり、政治に振りまわされ、まさかの結果に自失したのち、世の中がゆっくりとうごきだす、そんな波乱万丈の物語を紹介しようと思います。

２０１７年９月25日、安倍晋三首相（当時）は、次のように記者会見で述べ、衆議院の解散を宣言しました。

「少子高齢化という最大の課題を克服するため、我が国の経済社会システムの大改革に挑戦する。私はそう決断いたしました。そして、子育て世代への投資を拡充するため、これまでお約束していた消費税の使い道を見直すことを、本日、決断しました。国民のみな様とのお約束を変更し、国民生活に関わる重い決断を行う以上、速やかに国民の信を問わねばならない。そう決心いたしました。28日に、衆議院を解散いたします」

一見するとふつうの会見ですよね。でも正直、僕には色んな意味で衝撃でした。

いったいどこが衝撃なのか、その説明からはじめましょう。

ひとつめは、消費税の使いみちを変えるという提案をあの自民党が言いだした、というおどろきです。２０１９年10月に消費税を８％から10％にあげることが予定されていました。その税収の使いみちを変え、全家庭の幼稚園と保育所をタダにし、くわえて、貧しい家庭の子どもたちの大学授業料もタダにすることが決まったのです。

みなさんもご存じのとおり、自民党は保守政党です。戦後、先進国のなかでもっとも小さな政府のひとつをつくったのは、ほかでもない、自民党です。アメリカでもそうですよね。保守系の共和党は、減税を好み、社会保障の充実よりも、自助努力を大事にし、小さな政府を追いもとめてきました。

１９７０年代の終わりに出された自民党の研修叢書《そうしょ》に『日本型福祉社会』という本があ

ります。そこでは、税金をあげ、福祉を充実させることがいかに人間を甘えさせ、社会をダメにするか、きびしく非難されていました。

同書では、当時、社会保障が充実していることで知られていたイギリスやスウェーデンが「経済的糖尿病」「スウェーデン病」と名指しでののしられていました。保守派の哲学がかなり露骨なかたちで示された教科書でした。

そんな歴史を僕は知っていましたから、税金をあげ、幼保教育や大学教育の充実をはかる、と自民党が言いだしたことは、ショッキングなできごとでした。特に、幼保の無償化では、低所得層だけでなく、すべての人たちが対象となっていましたし、その信を問うために衆議院まで解散すると自民党から出た首相がおっしゃったのです。

時代は変わったなぁ、そう強く感じた瞬間でした。

生きてるだけでありがたい命

でも正直に言いますと、以上のおどろきは学者的な意味でのおどろき、正確に言えば、衝撃の一歩手前のようなものでした。本当におどろいたのは、これらの政策が僕たちの考えてきたアイデアそのものだったことです。

少し踏みこんだ話をしましょう。かなり心の痛む話です。

時計の針は2015年6月4日にもどります。そのころの僕はあまり政治に関心を持っていませんでした。たまたま当時の民主党に呼んでいただき、お話をする機会をいただいたのですが、そこで、前原誠司さんの目に留まったのが僕の人生の転機でした。

三顧の礼という言葉がありますよね。前原さんは、まさにこの言葉のとおり、3回も僕にごあいさつくださいました。最後は、僕の住む街にまで足を運んでくださり、深々と頭をさげながらこう言われました。

「国民国家のために私は命をかけたい。どうか私をお支えください」

前原さんの目は本気でした。貧しい家庭に育ち、産んでもらっただけでありがたい命です。腹をくくるのに十分な出会いでした。こうして、僕は、民主党、そして名前の変わった民進党の政策づくりを手伝うことになりました。いま思えば、この「えいや」がだいぶすごいことだったのですが……。

僕がお手伝いのなかで考えたかったのは「人間の自由の条件」でした。政治と関わることをきっかけに、自由を真剣に考える人たちの「かたまり」を作れるのではないか、なんとなくですが、そう考えるようになっていきました。

もちろんそんな力は僕にはなかったんです。でも、前原さんとの出会いをきっかけに、僕は少しずつ勘ちがいするようになっていきました。過信と言いましょうか。人との出会い、政治の魔力は本当にすごいものだとあらためて思います。

ただ、歴史はときに不思議ないたずらをするものです。

2017年3月12日、民進党のみなさんは党大会に僕を呼んでくれました。題目は来賓のあいさつです。ですが、こちらの構えは「あいさつ」なんてものではありませんでした。ここが勝負どころだと思った僕は、原稿を何度も書きなおし、渾身《こんしん》の力をこめて政治家に呼びかけました。

「勝てる勝負、強い者の応援ならば、誰にだってできます。しかし、そんなものは僕にとっては全く何の価値もないことです。一介の学者に向けられた政治家の熱い思いに応えよう、もがき苦しみながらも強い者に立ち向かおうとする民進党の皆さんとともに、国民が夢を託すもう一つの選択肢を作ることができる。こんなに愉快なことがありますか」

このスピーチはYouTubeでも公開され、のちに与野党の垣根を超えて知られることになりました。まさにこの瞬間、学者としての一線を超えて発言する、そんな僕の《自由への闘い》の幕が切って落とされたのでした。

そこまでやるか！

提案した政策はとてもシンプルなものだったんです。8％から10％へと引きあげが予定されていた消費税の使いみちを変え、財政による暮らしの保障を思いきって強めるというものでした。「2％組み替え論」です。財政赤字を減らすことにむかうはずだった財源を、幼保や大学の無償化、医療・介護の負担軽減に振りむけるというアイデアです。

少し遠まわりしましたが、これで僕が衝撃を受けた理由がおわかりでしょうか。冒頭の9月の安倍さんの言葉をもう一度見てください。まさに「2％組み替え論」そのものなんです。僕の考えてきた政策があっさりと自民党に持っていかれたわけです。

じつは、2017年4月の段階で「どうも官邸が井手さんの議論に乗りそうだ」といううわさ話が霞が関から聞こえてきていました。

自民党が政策を変更したあと、僕のまわりからは「パクリだ」「抱きつきだ」といろんな声が寄せられました。でも、お金の心配をせずに子どもが幼稚園や保育所、大学にいける社会は、いい社会だと思いませんか？　だれがやるかなんて本質的な問題ではありません。僕は、「こちらがもっといい政策を考えれば良いのだ」と割りきっていました。

とは言え、自民党の政策理念からは、真逆の場所にあったはずの僕たちの主張。それだけに、「そこまでやるか、すごいなぁ」と、まるで他人事のような、手品でも見せられたような不思議な気持ちになったことをおぼえています。

そんな記者会見からわずか2日後でした。さらなる衝撃が待ちかまえていました。

蓮舫さんが民進党の代表をつとめていたとき、前原さんをトップにすえた「尊厳ある生活保障総合調査会」というものができました。僕は、毎回、コーディネーターとしてそれに参加させてもらっていました。

議員さんはスマホが大好きです。年中メッセージに目をやり、電話があるたびに会場を出入りします。正直、なんだかなぁ、という感じなのですが、総合調査会だけはちがいました。マスコミにフルオープン、たくさんの議員さん、秘書さんが参加され、民進党のあるべき政策を時間をかけて議論していました。ものすごい熱気でした。

民主的で、丁寧なやりかた、党のビジョンをみんなで語りあう雰囲気、すべてが当時の前原さんの評価を高めることに貢献したように思います。9月1日、彼は"All for All（みんながみんなのために）"というメッセージをかかげ、枝野幸男さんとの代表選を制することとなりました。

さあ、これからだ。そう思っていた矢先の27日、民進党が小池百合子さんのつくった希望の党と合流する、という報道が舞いこんできました。

希望の党への合流、そして絶望

忘れもしません。それを知ったのは、大学の講義の合間の休み時間でした。スマホでニュースを見ていたら目に飛びこんできた「合流」の二文字。

絶句しました。政治の決断は政治家がおこなうもの。僕におうかがいを立てる必要などありません。それ以前に、政治家にはその時どきの状況にふさわしい、合理的な判断がもとめられます。僕への義理など考える必要はまったくありません。

とはいえ、さすがに心はゆれました。僕がこの問題を前原さんと話したのは、合流を知った翌々日のことでした。

「落選する議員をひとりでも減らせるのなら、私はなんでもやります」

前原さんの決意、高揚した雰囲気が電話ごしにヒシヒシと伝わってきました。実際、あのとき、政権交代が起きるかも、という空気がにわかに強まりました。ウソか本当かわかりませんが、「お酒を飲めない安倍さんがやけ酒を飲んだ」という話も聞こえてきました。

でもその高揚感とは反対に、僕の心は沈みきっていました。なぜなら、自分の考えとちがう人たちのお手伝いをできるとは、とても思えなかったからです。

僕は、自由の条件を考えるかたまりを作る、同じ志を持った人たちが集まる旗を立てようと本気で考えていました。でも、僕は運動家ではなく学者です。えらそうですが、民進党のみなさんにたいして政策で妥協したことは一度もありませんでした。政治の勝ち負けのために自分の魂を売りとばすわけにはいかなかったのです。

そのころの希望の党は、消費税の増税凍結を訴えはじめていました。さらには、ベーシックインカムに近い話も聞こえてきていました。第三章でくわしくお話ししますが、僕はこれらの政策には全面的に反対でした。

「アイデンティティ・クライシス」と書かれたメモ書きが、10月3日付の僕のSNS投稿に残っています。それを読むと、腸が七転するほどもがき苦しんだ当時の様子がよくわかります。

民進党のみなさんへの義理があります。でも学者としての意地もあります。お世話になった人たちとの関係は精一杯大事にしたいけれど、希望の党を応援することはできない、僕は前原さんにそう伝えました。

民進党は分裂し、立憲民主党が生まれました。希望の党に移った民進党の人たちは、その後、国民民主党を結成しました。しばらくして両党の合流がくわだてられましたが、国民民主党の一部メンバーがこれを拒んで分裂状況が続き、いまでは同党の与党入りすらささやかれています。

みんな仲間だった人たちです。どちらか一方だけを応援することはできません。あるいは、前原さんがダメなら次はこの人、というしたたかさも僕にはありません。

先の党大会で、僕はこう言っていました。

「人間には、生まれたことの意味を知る瞬間があるのではないかと思います。それはまさに僕にとっていまこの瞬間です。学者としての命をかけるならここだ、そういう覚悟でいまこの場に立たせていただいております」

我ながらよく決意したものです。でも、僕の学者生命をかけた闘いは、いともあっけなく、終わりをむかえました。僕の政治的敗北とともに。

あと一歩だった政策を競いあう政治

前原民進党は、実質的には、わずか1カ月の命でした。でも、その短い時間のなかで、政策づくりのお手伝いをさせてもらい、2017年衆院選の選挙公約の中身を議論する場にくわえていただくことができました。

いまでもネット上で見ることができるのですが、希望の党への合流によって立ち消えになり、のちに「幻のマニフェスト」と呼ばれることになる選挙公約がその成果でした。

自民党に政策を持っていかれたことじたい、おどろきはしたものの、大きな痛手ではありませんでした。本音を言うと、むしろワクワクしていました。

与党は、2%のうちの1%分のお金を幼保無償化と貧しい家庭の大学無償化に振りむける、と提案しました。これにたいして、民進党のみなさんと僕は、同じ2%の増税で入ってくるお金をフル活用する案をつくってやろう、そう意気込んでいました。

医療費、介護費の年間負担額に上限を設ける総合合算制度は目玉のひとつでした。子育て世代だけではなく、高齢者や子どものいないカップルにもきちんと届く政策を考えようと話しあった結果です。

大学の無償化についても所得制限をゆるめる方向をめざしました。すべての階層を無料にはできませんが、与党よりもはるかに寛大な無償化を考えていました。住宅手当の創設もあわせて提案しました。これさえあれば、貧しい人たちの消費税負担は一気に吹っとびます。

じつは、幼保を無償化すると所得格差がひらくことに僕は気づいていました。すでに低所得層の利用料は無償化されていたり、低額だったりしたものですから、無償化のメリットは中高所得層にいってしまうのです。

そこで、私たちは、住宅手当にくわえて、大企業や富裕層への増税をセットで打ちだそうとしました。

僕は消費税支持者です。ですので、消費税をきらう左派政党やその支持者からは、まさに目の敵のように批判されていました。そんな批判を横目に見ながら、自民党が実施しようとしている消費増税にくわえて、子どもの学びの場はすべての子どもたちに、格差是正は、富裕層への増税で、という左派的なパッケージを思いきって提示することにしました。

ここでみなさんにお聞きしたいことがあります。

一方では、増税に反対する人たちがいます。たしかに増税がなければ、取られる分は少なくてすみますよね。だけど、それはマイナスがゼロになるということであって、増税がなくなることでより良い社会が生まれるわけじゃありません。

他方では、与党が、増税はするけど、幼稚園や保育所がタダになる、貧しい人たちの大学授業料もタダになる、と言っています。負担が増えるかわり、暮らしの心配がなくなる社会を作ると言っているわけです。

続けましょう。僕たちは、自民党と同じ消費税負担で、大学無償化の恩恵をもっと多くの人たちに与え、幼保だけでなく、医療や介護の負担も軽くしようと言っています。さらに大金持ちや大企業に税をかけ、社会的な公正さも追求しようと言っています。

増税反対派、与党、民進党、みなさんならどこを選んだでしょうか？　政策のちがいが際だち、正面から政策論争を挑みあう選挙を見たくはありませんでしたか？

２０１７年の衆院選、２０１９年の参院選、２０２１年の衆院選、２０２２年の参院選、旧民進党系もふくめた左派・リベラル系野党は、増税反対、増税凍結で一致しました。政策の中身ではなく、相手の政策と反対のことを主張するという、いかにも左派的なまとまりかたでした。

学者生命をかけて応援した人たちが僕と正反対の場所に立ち、僕が全力で闘ったはずの与党が自分と同じような場所にいる。選挙の結果は与党の圧勝が続きました。もし２０１７年の選挙を民進党の「幻のマニフェスト」で闘えていたら？　いまでも悔やまれてなりません。

明確な争点を示し、政策の中身を競いあう政治。たがいに論争を挑みあう政治。あと一歩のところでしたが、夢は破れました。僕は、全身の力、いや魂すらをも吸いとられたような、言葉にできない無力感におそわれました。

政治との訣別、そして未練

２０１７年の衆院選以降、僕は政治の表舞台から姿を消しました。もう、それまでのような熱量で特定の政党を応援することはできないと思ったからです。

みなさんは、『なぜ君は総理大臣になれないのか』という映画を知ってますか？　そこにはいま立憲民主党にいる議員さんを応援している僕の映像が収められています。あのような熱気でふたたび特定の政党を応援することはもうムリだと思いました。

それともうひとつ、僕が全力で支えた民進党でしたが、結果的にバラバラになってしまいました。その責任について考えないわけにはいきません。

僕は、希望の党への合流にまったくかかわっていません。ですが、応援した前原さんと仲間たちの決断が、最終的には党の分裂を生んでしまいました。僕は自分を「戦犯」のひとりだと考えました。事実、そう発言し、大手の新聞に取りあげられもしました。

それだけではありません。学者生命をかけた闘いに敗れたわけです。戦犯であり、敗北者である僕が、立憲民主党であれ、国民民主党であれ、どちらか一方を応援することはあまりにもぶざまだと思いました。

ある対談で、橋下徹さんは、「そこまで学者である井手さんが思いつめる必要はないよ」と言ってくださいました。この言葉にはとても感謝しています。心が温かくなったというか、肩の荷がおりたような気がしました。

ですが、これは僕自身の生きかた、いや、あえて言えば、死にかたの問題であって、橋下さんの優しい言葉をそのまま受けいれることはできませんでした。結局、僕には、特定の政党を応援する道は選べなかったのです。

なんか、こういうふうに言うと、自分をかっこよく見せようとしているみたいですよね。でも、ちがいます。いさぎよく未練を断ちきったわけではありません。政治と距離をとると決めたまでは良かったのですが、僕は《自由への闘い》をあきらめることはできませんでした。これは僕の弱さであり、本質でもあるような気がしています。

なぜ《自由》にこだわるのか

なぜ本質なのか。この問いに答えるためには、少し昔話をしなければなりません。

すでにお話ししたように、僕は貧しい家庭の生まれです。40歳で僕を産んだ母、その妹である叔母との3人暮らし。古くて、小さな借家で育ちました。

家計を支えてくれたのは叔母でした。母はずっと僕のそばにいてくれていましたが、教育費が心配になったんでしょう、僕が小学4年生になるとスナックをはじめました。

ただ、素人の夜の仕事が簡単にうまくいくはずがありません。おまけに、子どもを家に置いておくことをいやがった母は、毎晩のように僕を店に連れていきました。カウンターで勉強する毎日でしたが、よくよく考えれば、そんなお店に飲みにいくもの好きなお客さんがそう多いはずもありませんでした。

僕が高校に進学したころから店は傾きはじめ、バブルがはじけた大学生のころには、借金だらけになっていました。素人の水商売なんてムチャな話です。でも、母と叔母は、借金まみれになって僕を大学にいかせようとしてくれました。

ふたりには感謝の言葉しかありません。ところが、当の本人は、決してまじめな学生ではありませんでした。大学3年生の3月になると就職活動が動きだします。当時の僕は、勤め人になるのがいやでしかたありませんでした。会社のために頭をさげるというのが、どうしても納得できませんでした。

感じの悪い話ですよね。ごめんなさい。でも、家族や仲間のためなら土下座だってしまうが、会社のため、自分の地位を高めるためにだれかに頭をさげる生きかたでいいんだよって、どうしても自分に説明できなかったのです。

家賃滞納、仕送りのおくれ……借金まみれの家

えらそうなうえに、不まじめだった僕には、公務員や公認会計士への道はありませんでした。大学院に進学し、学校の教員になるくらいしか、選択肢はありませんでした。

問題はここからです。家が借金まみれなのはわかっていました。家賃の滞納、仕送りのおくれ、明らかに当時の状況はおかしいものでしたから。大学院への進学を言って良いものか、悩みました。ダメ出しをくらうと思いましたが、ラチがあかないので、思いきって母に電話で打ちあけることにしました。

1994年の春のことです。母は僕の告白を聞き、10秒くらいだまりこみました。そして一言、こう言いました。

「あんたの人生やけん、あんたのよかごつせんね」

いい会社に入って、すぐにでも仕送りをしてほしい、それが母の本音だったと思います。それでも歯を食いしばって「あなたの自由にしなさい」と言ってくれたのでした。

僕は泣きました。いま思いだしても、母は本当につらかったと思います。でも、これを転機に、僕の生きかたは大きく変わりました。「自由に生きる」というちょっと気取った言葉が、何物にもかえられない強い価値を持つようになったのです。

正直に言って、政治のどまんなかで発言し、たくさんの取材を受けてきた、そんな華やかな過去への執着もあったかもしれません。でも、それだけじゃありませんでした。自由に生きるということは、母の渾身の教えであり、魂の防波堤であり、自分が自分でいられるための条件でした。

僕は自由に生きたいし、同じように、すべての人が自由に生きられるべきだ、そんな強い思いがずっと心にくすぶっていました。政治に自分をあわせることはできない。だから政治を自分にあわせようとした。だけど……政治に敗れたくせに、僕は《自由への闘い》への未練を断てずにいたのでした。

中流だと信じたい人たち

地をはうような毎日を過ごすうちに平成が終わりました。いろんなメディアから「平成ってどんな時代だったのでしょうか」という質問をされたことを思いだします。

僕はこう答えました。

「平成の貧乏物語という言葉がしっくりきますね。どうですか？」

みなさん知ってます？　コロナ禍でお金がバラまかれる以前の時期、勤労者世帯収入のピークは１９９７年だったんです。ちなみに消費支出はコロナ後も97年の水準にもどっていません。１９９０年代の後半から働きにでる女性が増え、いまでは専業主婦世帯の２倍以上が共稼ぎ世帯です。それなのにこの停滞ぶり。おどろきませんか？

一人あたりＧＤＰ（国内総生産）を見てみます。一番よいときの日本は、ＯＥＣＤ加盟国のなかで６位でしたが、平成の終わりには21位にまで順位を落としています。その後、さらに順位は下がり続け、為替の動き次第では、近い将来、韓国、台湾に抜かれると言われています。ＧＤＰの総額でも人口が日本の７割しかいないドイツに２０２４年度に追いこされる、という予想が出ています。

それだけじゃありません。バブル崩壊後の平均実質GDP成長率は1%に届かず、平成末期の設備投資も平成元年水準におよばないというありさまです。

経済が弱れば雇用も細ります。僕の属する45～54歳の層を見てみましょう。平成元年には正規雇用者の26%しか非正規雇用者はいませんでしたが、平成最後の年には47%へとほぼ倍増しました。

15～24歳の若い人たちの置かれた状況はさらに深刻です。正規雇用に対する非正規雇用の割合は、平成の間に25%から104%へとはねあがりました。これは、正規雇用よりも非正規雇用のほうがふつうの状態だ、ということですよね。

いまの若年層は、雇用が保障されないうえに、45～54歳という、子どもの教育に一番お金がかかる年齢になっても安定した職につけるかどうかわからないわけです。そんな状況のなかで彼ら／彼女らが子どもを欲しがるはずがありません。

明らかに私たちは貧しくなりました。ところが、です。内閣府「国民生活に関する世論調査」によると、回答者の89%がいまだに自分は中流だと信じているといいます。

これはおどろくべきことじゃないですか？　世帯収入300万円未満の人たちを見てみます。300万円というのは、税引前の所得ですから、手取りでは250万円程度、カップルで働いていたとしたら、ひとり120万円ちょっとの手取りということになります。いまこの層の人たちが全体の3割を占めています。それなのに、暮らしぶりが「下」だと答える人はたったの7％しかいないのです。

この収入で自分が「中間層だ」と確信できる理由はどこにあるんでしょう。図1－1（64ページ）を見てください。経済の停滞とあゆみをそろえるように、持ち家保有率が平成のあいだに目に見えて低下していますよね。

続けて図1－2も見てみましょう。飲食や衣類にかける支出はおさえられ、教育費もまた、子どもの数を減らすことで抑制されていることがわかります。一方で、パソコンやスマホへの支出と通信費は突出して伸びました。

そうです。結婚をあきらめ、子どもをあきらめ、持ち家をあきらめ、飲むもの食べ物をあきらめて、なんとか他の人と同じようにスマホを持ててネットが使える、だから自分は中流だと信じたい、そんな人たちが大勢いる社会ができあがっているのです。

図1–1　年齢階層別の持ち家率

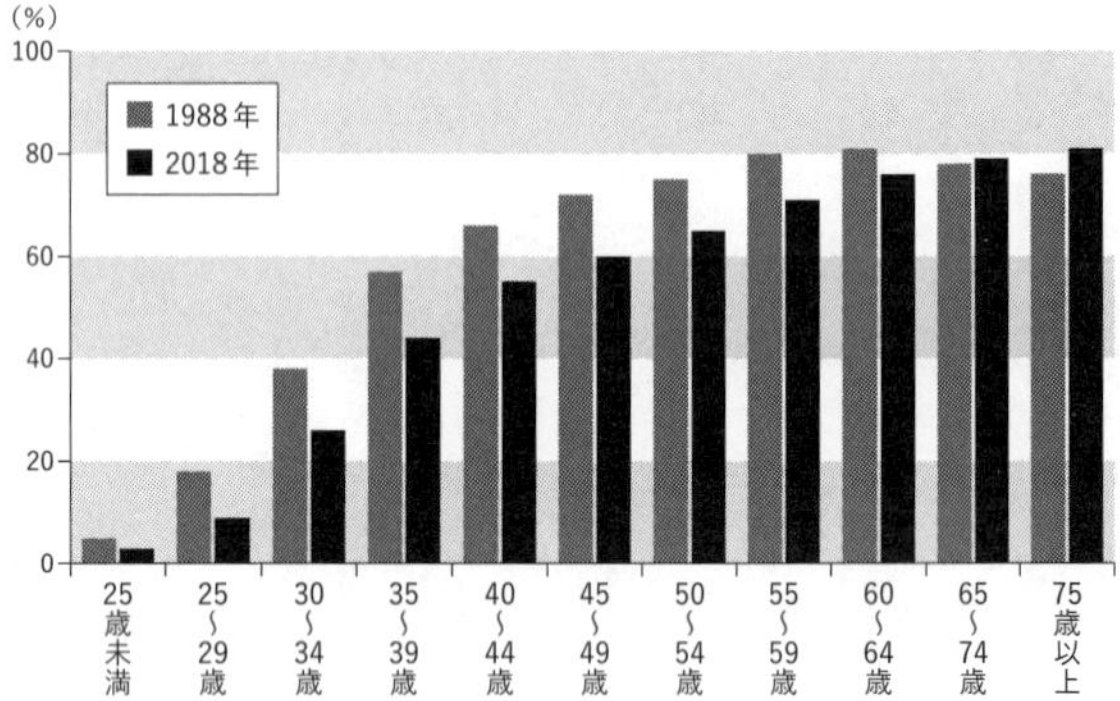

出所：総務省「住宅・土地統計調査」より作成。

図1–2　目的別消費支出額の増加率

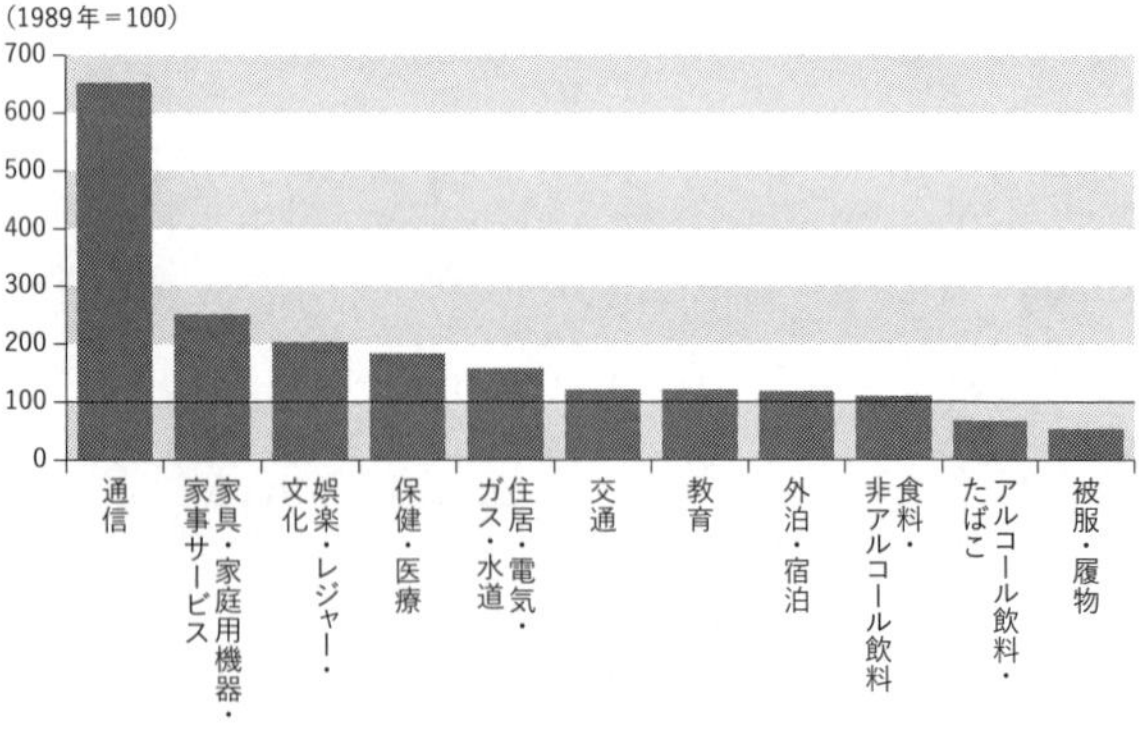

出所：https://www5.cao.go.jp/j-j/wp/wp-je19/h07_cz0101.html

もし、母がいまの時代に僕を産んだとしたらどうでしょう。僕は進学できなかったのかもしれません。貧しいふたりの女性にお金を貸す人はいないでしょうから。親が借金をすればなんとか子どもを大学にいかせることができる、それは、古きよき時代の、幸せな物語だったように思えてなりません。

でも、これは果たして、「昔は良かった」ですませられる問題なのでしょうか。

人を助けるのはいいことなのか？

同じ人間なのに生まれる時代によって将来が変わる。

経済が衰退したんだからしかたないじゃん。

不幸な時代に生まれる人間なんていつだっているもんでしょ、運が悪いんだよ。

そう思う人がいるかもしれません。

でも僕には、そんな、現状肯定という名のあきらめはできそうもありません。

一人ひとりの人間は、今日よりもすばらしい明日、ちょっとでいいからより良い未来を夢見る自由を持っています。僕が母にそう言ってもらえたように、「あんたのよかごつせんね」と子どもに言ってあげられる社会を守りたいと思います。

そうなんです。自由に生きられる社会を守りたいから、何かを変えなければいけないんですよね。守るために変えるという、一見すると、矛盾したこの視点こそが、僕の思想の出発点にあります。

じゃあ、守るものはよいとして、何を変えるべきなのでしょう。

もう一度、僕の原体験を聞いてください。小学3年生のときです。僕は友だちとの会話のなかで、生活保護というしくみがあることを知りました。そのころ、母はずっと家にいましたが、叔母が家にお金を入れてくれていることを僕は知りませんでした。お金がなぜうちにあるのか、不思議に思っていた僕は「これだ！」と思い、母にたずねました。

「うちは生活保護もらっとるけん、お金があるっちゃろ？」

得意げに聞く僕をにらみつけながら、母は血相を変えてどなりつけました。

「そげんか恥ずかしか金、うちは一銭ももろうとらん！」

あまりの剣幕に僕はこわくて泣いてしまいました。

いまになって思えば、これは暴言です。あやまれる怒りです。生活保護は生きていくための権利。理由があって働けないのなら、堂々とその権利を使えばよいのです。ですが、母がそう言いはなったことの意味、なぜ母はあんなに怒ったのかという問いは、ずっと僕の心のなかに残り続けました。

しばらくして僕はひとつのデータに出会いました……というか、気づけたんですよね。長くかかえこんでいた疑問への答えが見つかったように感じました。その答えはこうです。「救済はいいことだけど、救われる人間の心には、屈辱が刻みこまれるからだ」

1997年が世帯の実収入のピークでしたが、所得の減少がはじまった98年に自殺者数が急増するというできごとがありました。たった1年で8000人以上、比率でいえば35%の増大ということになります。

高い自殺者数はその後、10年以上も続きましたが、大部分は40代から60代の男性でした。家庭を持ち、ローンをかかえていた男性労働者でしょう。実際、アジア通貨危機の翌年、1998年は完全失業者数が約60万人も増えていました。

他人《ひと》さまのご厄介になるくらいなら死んだほうがましだ、ときには、冗談めかして語られるフレーズですが、本当に男性労働者は助けてもらうのではなく、死を選んだわけです。

知恵の使いかたを根本からまちがえていたのかもしれない、僕はそう思いました。どうやって《弱者を助ける》かではなく、どうすれば《弱者を生まない》社会を作れるのか、これが本当に考えるべき問いだったのではないか、と。

だれかではなく、みんなが安心できる政策

事実の発見は、個人の原体験、価値観と深く結びついています。エビデンス（証拠）が大事なことはもちろんなんですが、どんなデータに気づき、どれに価値を見いだして選ぶのか、そのプロセスではかなり価値判断がくわわっているように思います。

弱者を生まないという視点は、さらに別のデータに気づかせてくれました。このデータは僕の議論の方向性を決定づけるものでした。

「世界価値観調査（World Values Survey）」の２０１７～20年の調査結果を見たときに、「国民みなが安心して暮らせるよう国は責任をもつべき」という質問に賛成した日本の人たちの割合が８割近くに達していたことがわかったのです。

困っているのはだれかではなくみんななんだ——あたらしい気づきがそこにありました。

子どものころから「母はなぜ怒ったんだろう」という問いを持ち続けたからこそ、出会えた数字でした。

でも、ときに答えは、あたらしい問いへの入り口になります。それでは、みんなが安心して暮らせるようになる政策とは、いったいどんな政策なのでしょうか。

戦後しばらくであれば、この問いへの答えは明快でした。経済政策です。経済が成長すればみんなの所得が増えますよね。だから、働けない人たちだけ助けてあげれば、みんなが幸せになれます。また、戦争で社会インフラがズタズタになっていましたから、公共事業はみんなの幸せに直接むすびついてました。

経済が成長できた時代ならこれでいいでしょう。あるいは、政府が借金を好きなだけやって、経済を支えられた時代もそうです。ですが、財政は借金まみれになり、経済は成長する力を失ってしまいました。おまけに、社会インフラも十分に整ってしまっています。

これは日本だけの悩みではありません。先進国全体の経済成長率も2％程度しかありません。人口が減り、生産設備が国外に出ていき、安い商品が海外から流れこんだ先進国は、どの国でもかつてのような成長がむつかしくなってしまっています。

そうです。だからこそ、経済成長に頼りきった社会を変え、これまでとはちがった《みんなが安心して暮らせるための政策》を考えなければいけないのです。

私たちはこの変化にうまくついていけているでしょうか？

僕はふたつの意味でＮＯだと思います。

まず、多くの人たちが、いまだに経済成長を「目的」だと考えています。これはおかしな話です。不安を抱えずに生きていくためには、貯蓄が欠かせません。その貯蓄を生んでくれるのが経済成長、所得の増大ですが、そうだとしたら、経済成長は不安のない未来を手にするための「手段」でしかないはずです。

もう一点、みんなが安心という言葉の意味もアップデートできていません。ほとんどの人たちが自己責任で生きていける社会なら、一部の困っている人を助ければみんなが安心になれます。そうではなくて、お金持ちもふくめた一人ひとりという意味でみんなが安心できる、これが肝なのですが、このような理解はあまり浸透していません。

お金なんかで人間のあつかいを変えてたまるか！

病気をしても、失業しても、長生きによって必要なお金がかさんだとしても、だれもが安心して生きていける社会を作らなければならない——この方向性は、民進党の政策をお手伝いさせていただいていたときから、漠然とではありますが、見えていたんです。でも、いよいよこれを理論化する段階にきた、僕はそう思いました。

《自由への闘い》をあきらめきれなかった僕は、『幸福の増税論』と、本書の元となった『どうせ社会は変えられないなんてだれが言った？』を書き、具体案を示しました。これらの本の反響は大きく、主戦場は政治からメディアへと変わっていきました。

僕が示したのは、税を財源として、すべての人びとに、教育、医療、介護、子育て、障がい者福祉といった《ベーシックサービス》を提供する、というアイデアでした。

ベーシックサービスがすべての人びとに保障されれば、病気をしても、失業をしても、長生きしても、子どもをたくさんもうけても、貧乏な家に生まれても、障がいをかかえても、だれもがより人間らしい暮らしを手に入れることができます。

このアイデアの細かい点については、次の章でお話ししましょう。ここで確認しておきたいのは、暮らしを保障しあう社会ができれば、人間の「尊厳」が公平にでき、「自由」を手にすることができるようになる、ということです。

これはゆずれない一線です。所得と関係なくすべての人たちの暮らしが保障されれば、助けてもらう領域はそれだけ小さくなります。医療や介護、教育の自己負担を軽くしましょう。そうすれば、それに応じて、生活保護のなかの医療扶助、介護扶助、教育扶助はいらなくなります。

お金による救済は人間の心に屈辱を刻みこみます。また、救済してくれる人たちの気分ひとつで未来が左右されますから、他者への服従を強いられてしまいます。ですから、お金をサービスに置きかえることで、だれかを救済する社会ではなく、みんなが権利として、他者と区別されずに堂々とサービスを使える社会に変えていくべきだと考えたのです。

はっきり言いましょう。僕は、お金なんかで人間のあつかいを変える社会を終わらせたいんです。自分の愛する人たちがたまたま不幸に直面したとき、恥ずかしさや申し訳なさをかかえて生きていかなければいけない、そんな社会を変えたいのです。

社会には色んな人がいます。たとえば、子どものいるカップルといない独身の人がいますよね。前者なら、子育て費用や大学の授業料などの教育費をはらわねばなりませんが、後者の人たちはこれらのお金を必要としません。

でも、子どもに頼ることのできない人たちは、歳をとって病気がちになったり、介護が必要となったりしたとき、だれかに支えられて生きていくかもしれません。

子どもの有無だけじゃありません。病気をしたり、ケガをしたりして、働けなくなる可能性はだれにだってあります。困りごとは、運・不運ひとつでだれにだって起こりえます。だからこそ、この社会を生きる仲間たちが、たがいに頼りあえる、命と暮らしの必要を満たしあう社会をめざしていくべきだと思うのです。

これが母のあやまれる怒りが残した問いへの、僕なりの答えでした。

右も左もベーシックサービス?

政党をつうじて現実を変える道はあきらめましたが、いろんなお誘いがありました。みなさんが知っている有名な自民党の政治家から「井手さんがかわいそうだ、いっしょに食事をしないか」と誘っていただいたこともあります。

忠臣二君に仕えず、と言うとさすがにかっこよすぎでしょうか。とてもありがたかったですが、僕はそのお申しでを受けられませんでした。

でも、不思議なものです。政治での闘いから身をひくという消極的な選択が、かえって周囲からの関心を高めていきました。たぶん脱色されたのでしょうね。

僕は本で、新聞で、雑誌で、いろんな場所で自分の主張を繰りかえしました。売れない演歌歌手のようなもので、全国で、同じことを、同じ調子で言い続けました。少しずつではありましたが、ベーシックサービスの思想は確実に広がっていきました。

2019年1月4日に当時の安倍晋三首相は、「幼児教育を無償化いたします。戦後、小学校・中学校9年間の普通教育が無償化されて以来、70年ぶりの大改革です」とおっしゃいました。ベーシックサービスという表現こそありませんが、振りかえってみますと、これはまさにその後の議論のはじまりを意味していました。

『弱者を助ける』から『弱者を生まない』へ

連立相手である公明党では、さらに踏みこんだ議論がおこなわれました。

2020年9月の党大会では、「ベーシックサービス」に言及しつつ、「医療や介護、育児、教育、障がい者福祉、住まいなど人間が生きていく上で不可欠な基本的サービスを無償化し、『弱者を助ける制度』から『弱者を生まない社会』へと福祉の裾野を大きく広げるもの」との評価がなされました。

2022年9月の党大会におよんでは、僕の名前にふれながら、「ベーシックサービスは、教育、医療、介護など人間が生きていく上で不可欠なサービスを無償化し、すべての人が平等に受けられる社会を目標とし、それを実現するために負担を皆で分かち合うことをめざしています。特定の誰かではなく、あらゆる人間の尊厳を守り抜く公明党の『大衆福祉』の理念とも共鳴する考え方」とまで言いきっていました。

こうした流れは野党も巻きこんでいます。

立憲民主党の基本政策には、「少子高齢社会に対応し安心して暮らせる社会にむけて、医療・介護・障がい福祉・保育・教育・放課後児童クラブなどの『ベーシックサービス』を拡充し、誰もが必要なサービスを受けることのできる社会をめざします」とあります。

国民民主党の玉木雄一郎代表は、2020年9月15日のブログで、「医療や教育といった基礎的な行政サービス、すなわち『ベーシックサービス』の無償または安価な提供により、尊厳ある生活保障を実現する」と言及され、気鋭の若手政治家である浅野哲さんも「次の総選挙ではこのベーシックサービスを主要政策として堂々とかかげていきます」と決意を示されたと聞きます。

また、国民民主党の代表選挙で玉木、前原両候補について問われた連合の芳野友子会長は、「前原代表代行が民進党時代に井手英策教授とともにかかげた"All for All"に共感し、それ以降、その実現をめざしている。以降、国政選挙の取り組みのまとめでもそのスタンスは連合としては明記をしてきた……連合としては『どちらの候補が』というコメントは控えたいと思うが、"All for All"に共感しているという事実は申し述べておきたい」とお答えになっています。

無謀な挑戦で手にしたもの

僕は政治の世界に自分を投げだしました。いま思えば、我ながら無謀なことをしたものです。ネットで、手紙で、たくさん怒られましたし、仲間だと思っていた人たちが平然と反対のことを言いだす、忘れがたい光景を何度も見てきました。

でも、あたらしい社会によって立つ思想を作りたいという、ひとりぼっちの挑戦にはそれなりに意味がありました。少なくとも、すべての人たちの体や心の健やかな育ち、人間としての自律性を、政治が当たり前のように論じあう空気が生まれました。

僕は敗れましたが、この挑戦がなければだれも僕の議論に注目しなかったでしょうし、見てくれた人がいたからこそ、ひとつの思想の種がまかれ、芽生え、育とうとしています。

社会が不安定になり、すっかり先の見えない時代になりました。だれもが答えを見いださずに困っています。そうなんです。みんな答えがわからないんです。だからこそ、私たちが社会を語りあい、想いを表現すれば何かが変わるのです。化学反応が起きるのです。

僕の住む地域では自治会に婦人部はなく、青年部にふつうに女性がくわわっています。

肝だめしや焼きいもなどのイベントには、地区の垣根をこえて子どもたちが集まります。

僕は「人と人のあいだに引かれている線をなくしたい」と言いました。仲間たちはその考えに共感してくれました。なぜなら、子どもの数が減り、自治会に活気がなくなりつつあることをみな肌身で感じていたからです。だから、十年前であればおそらく不可能な変化があっさりと実現したのです。

そうです。政治に身を投じるだけが答えなのではありません。自分なりの目標をさだめ、想いを伝えていくことで確実に世の中は変わる、僕はそう本気で思っています。

まずは、私たち一人ひとりが「自分なりの理想」を持ち、その理想を大切にすることからはじめてみてはどうでしょう。僕はこれから、政治や政策を選ぶ側に立つみなさんにたいして、ひとつの評価軸、ひとりの人間が思いえがく理想の世界を伝えていきます。できるだけわかりやすく、自分自身への批判すらおそれずに話していきます。

ぜひ僕の議論の良い点、悪い点を、みなさんの目線で見きわめてください。そして、僕の議論を踏み台にして、みなさんなりの理想社会を思いえがいてください。日常のふとした瞬間、一人ひとりの理想が友人に、家族に語られる、数えきれないビジョンが社会にあふれかえる……そんな社会、想像しただけでもワクワクするじゃありませんか！

第二章

私の幸せとあなたの幸せは矛盾しない

子ども手当っておぼえてます？

この章では、ベーシックサービスのこの辺を疑問に思うだろうな、とあれこれ想像しながら、一つひとつ答えを示していこうと思います。まずは、議論の取っかかりとして、所得制限をつけずにみんなに配ることをどう評価すべきか、考えてみることにしましょう。

常識で考えると、自己責任で生きていくのが正しいすがたであって、どうしても働けない人たちに限定して救いの手を差しのべるのがふつうの発想ですよね。全員に配る、と言ってしまうと、すぐに「バラマキだ！」という批判の声が聞こえてきそうです。

でもコロナ禍を経て、この空気はずいぶん変わってきました。

民主党政権期の子ども手当をみなさんはおぼえてますか？　所得制限をつけずに、子どものいる全世帯にお金を配る政策でしたが、「子育てにお金はいらない」という批判の声が沸きおこり、結局、所得制限をつけた、旧来型の児童手当にもどすことが民主・自民・公明の三党で合意され、今日にいたっています。

自民党のホームページに２０１１年８月に出されたおもしろい文章が残っています。

「『子ども手当』の撤回は、家庭を基礎とする我が国の自助自立の精神に真っ向から反した『子どもは社会で育てる』との民主党政策の誤りを国民に広く示すこととなり、大きな成果であったと考えます」

ここでは「子どもは社会で育てる」ものではなく、「家庭を基礎とする」「自助自立の精神」こそが大事だと訴えられていますね。わかりやすい保守イデオロギーです。ところが、その自民党が2019年に幼稚園や保育所を所得制限なしで無償化しました。岸田文雄政権にいたっては、児童手当の所得制限をふたたびなくしてしまいました。

僕はこの迷走からとても重要な教訓を引きだせると思っています。

満たしあいの世界を作る

じつは、みんなに配るというとき、それは「お金」で配るのか、「サービス」で配るのかで大きなちがいが生まれます。

お金とサービスには決定的な差があります。それは、お金はサービスとちがって、すべての人たちが欲しがってしまう、ということです。みんなが欲しいのに、子どものいる世帯だけに配る。そうすれば、子育ての終わった中高年、年金が足りずに四苦八苦している高齢者、子どものいないカップル、いろんな層が反発するのはさけられませんよね。

そうなんです。子ども手当に対するバラマキ批判は、それがバラマキかどうかということ以上に、お金の性格上、「もらえる人＝受益者」と「もらえない人＝負担者」のあいだに分断が生まれることにこそ、本質的な問題があるのです。

この対立をなくすためには、《だれもが受益者》になるしかありません。やりかたはふたつ。ひとつは全員にお金を配ること。もうひとつは、サービスを全員に配ることです。

前者は、いわゆるベーシックインカムですね。この場合、まさしく全員にお金を出すことになりますから、相当な費用がかかります。この点は次の章でくわしく検討しましょう。

一方、後者のベーシックサービスであれば、必要な人しかサービスを使いませんから、コストを大幅に減らすことができます。

幼稚園がタダになったからといって、幼稚園に入りなおす大人はいません。健康な人はわざわざ仕事を休んで病院に行こうとはしません。この強みをいかして、高齢者には介護、子育て世代には大学といったように、それぞれが必要とするサービスを全体にバランスよく配っていけば、低いコストで全体を受益者にしていくことができます。

もうひとつ確認しましょう。それは、お金は疑心暗鬼を生むという問題です。たとえば、障がい者に車イスを貸すとします。障がいのない人はそんなサービスは不要ですから、見むきもしないでしょう。でも、お金を出すといったとたん、障がい者のふりをして不正を働く人があらわれるかもしれません。社会の全体が「あいつは不正な利用者では？」と心配になるでしょう。これがお金を配ることのむつかしさです。

サービスとお金のちがいは、歴史からも学ぶことができます。

江戸時代の農村コミュニティを見てください。人びとは田植えや稲刈り、屋根の張りかえ、警察、消防、寺子屋のような初等教育、さらには介護までも、地域に住む人たちがみんなで汗をかき、おたがいの《必要》を満たしあって生きていました。

お気づきですか？　これらはすべてサービスです。お金ではありません。

メンバー全員にお金を配ると、そのための財源が必要になりますが、みんなで汗をかく＝同じお金を出してみんなに配るのでは意味がありません。

ですから、歴史的には、みんなでひと所にお金をたくわえて、順番に給付をおこなったり、必要に応じてそれを借りたりする方法をとりました。大人も、子どもも、みんなに同時にお金を配るという経験はあまり例がないのです。

サービスの場合、メンバー全員が汗をかき、メンバー全員が必要に応じて受益者になります。必要なときに、必要な人がサービスを利用する。そのための協働は歴史のいたるところで発見することができますし、そうした協働のためにこそ、人びとはコミュニティを作ってきたのでした。

みんなが必要とするサービスがあるから、みんなで汗をかき、必要を満たしあう。そんな世界のなかで人びとは共に生き、共に暮らしてきたのです。

お金持ちが受益者になれば格差は広がる？

僕の提案が一風変わったものに見えるのは、お金持ちにたいしてもサービスを給付するからでしょう。ただ、先の話からもわかるように、共に暮らす人びとはお金の多い、少ないでサービスの受益者を選ぼうとはせず、できるだけ多くの人たちを受益者にしようとしました。ですから、僕の提案は、自然といえば自然なやりかたなんです。

図2-1　ベーシックサービスによる再分配のモデル図

	当初の所得	税率25%	税引き後	みんなにサービスを現物給付	最終的な暮らしの水準
Aさん	200万円	-50万円	150万円	+150万円	300万円
Bさん	600万円	-150万円	450万円	+150万円	600万円
Cさん	1,000万円	-250万円	750万円	+150万円	900万円

Bさん/Aさん	3倍	格差が縮小	2倍
Cさん/Aさん	5倍		3倍

でも理屈で考えると、貧しい人たちだけでなく、お金持ちにもサービスを出すわけですから、両者の収入の差がうまらない感じがしますよね。

そうした心配をなくしてくれるのが図2－1です。貧しいAさん、ふつうのBさん、お金持ちのCさん、それぞれに定率で税をかけ、等しくサービスを提供してみます。すると最終的に、AさんとCさんの所得格差が小さくなっていることがわかります。

確認したいのは、「お金持ちが税をはらい、貧しい人が受益者になる」だけじゃなく、「みなが負担者になり、みなが受益者になる」ことでも所得格差は小さくできるんだ、ということです。

え？　どうして？　いえいえ。これは当たり前のことなんです。年収100万円の人が100万円分のサービスを受けとれば100%の所得増になります。でも、年収1億円の人が同じサービスを受けとっても、1%の増加にしかなりませんよね。人間を等しくあつかうと、所得の改善効果は貧しい人のほうに大きく出るのです。

では貧しい人にも税をかける、この点はどうでしょうか？　図2－1をもう一度見てください。Aさんは、はらった税金よりも多くの受益がありますよね。ここがポイントです。税率は同じでも、そもそも所得や消費の額がちがえば、税の負担額は変わってきます。お金持ちは収入が多いのでベンツや土地を買います。貧しい人は少ない税、お金持ちはたくさんの税をはらうけど、受益は同じ。格差が小さくなるのも当然です。

私たちは、税の負担だけで、貧しい人たちの痛みを考えがちです。ですが、もらうほうもセットで考えないと、本当の痛みはわからないのです。

貧しい僕と超リッチなみなさんがどちらも1000円はらうとします。お金持ちと僕が同じ負担？　そう思いますよね。でも、もし僕がふたりのはらった2000円を全部もらえるとしたらどうでしょう。僕が得をしているのは、子どもにだってわかる話です。サービスを受け取る喜びと税の痛み。この両者のバランスを考えなければ、社会全体の公正さなんて語れっこないのです。

発想の大転換……ではない！

以上の考えかたは、国際的にはオーソドックスなものなんです。僕の知人でアメリカのノースウェスタン大学で教えているモニカ・プラサドさんは、ニューヨーク・タイムズで次のように言いました。

「貧困と不平などの削減にもっとも成功した国ぐには、富裕層に課税し、貧困層に与えることでそれをやりとげたのではない」

まさにそのとおりです。ＥＵにくわわっているヨーロッパの国ぐにを見てください。日本の消費税にあたる付加価値税の最低税率は15％です。ですが、イギリスと旧東欧諸国をのぞくと、日本よりも税率の高いこれらの国ぐにのほうが、所得格差は小さいです。

なぜそうなるのでしょうか。日本では、消費税は貧しい人の痛みが大きな税だと言われるだけに、意外に聞こえるかもしれません。

じつは、お金持ちはほんのひとにぎりしかいません。どんなに多額の税をかけても、入ってくる税収はたかがしれています。ですから、貧しい人もふくめてみんながはらう付加価値税を使い、ゆたかな税収をいかして幅広い層の暮らしを支えつつ、同時に貧しい人たちの暮らしも守っていく、そういう現実路線がＥＵ加盟国ではとられたのです。

フランス主税局の官僚だったフィリップ・ルビロアさんは、１９７２年、いまから50年以上前の来日講演で次のように話しています。

「逆進的な税しか採用していない国でもその収入で社会保障を積極的におこなっているのであれば、その国全体としては逆進的ではない」

このヨーロッパの常識がなかなか日本にはつうじないのがしんどいところです。

もちろん、お金持ちにより多くの負担を求めることには、僕も大賛成です。ただし、ひとつだけ、重要な事実を確認しておきたいと思います。政治学者ケネス・シーヴとデイヴィッド・スタサヴェージは、『金持ち課税』という本のなかでこう指摘しています。

戦後しばらくのあいだ、お金持ちへの重税と貧しい人たちへの保障の組みあわせに説得力があったのは、戦争中に犠牲をはらった者は補償されるべきであり、戦争から利益を得たものは課税されるべきだという考えかたがあったからだ、と。

「金持ちに重たい税を」という常識は、時間の流れとともに先進国のなかで風化していきました。日本でも貧しさの記憶が人びとから消えつつあります。だからこそ、1980年代以降、先進国では富裕層や大企業への重税が少しずつ緩和され、日本もその例外ではいられなかったのです。

僕にとって大事なのは、つらい思いをしている人たちのいま、です。金持ち憎しだけでは税は取れませんし、税が取れなければ、生活に苦しんでいる人たちの暮らしは改善できません。だからこそ、金持ちを批判する日本の左派は「借金をしてバラまけ」と言うわけですが、そうした政策は多くの問題をふくんでいます。

税制改革の基本的な方向性は、消費税を軸として十分な税収を確保しながら、低所得層もふくめて負担者になるわけですから、きちんと応分の負担をするよう、お金持ちや大企業を説得する、そんな《痛みの分かちあい》なのではないでしょうか。

親の収入ではなく、子どもの命を守る

岸田政権で児童手当の所得制限がなくなり、子どものいる世帯はすべてお金がもらえるようになった、ということをお話ししましたね。

児童手当はサービスではなくお金ですが、ここでも子どものいるすべての人たちが受益者になっていますよね。この問題についても少し考えておきたいと思います。

全世帯に配る子ども手当なんてバラマキだ！　そう言っていた当の自民党が所得制限をなくす決断をしました。批判されるべき対応ではありますが、児童手当から所得制限をなくすという決断はとても重たいものです。

もう一度、江戸時代の日本を見てみましょう。名称こそ「赤子養育仕法」とことなっていますが、江戸幕府は、子どもの養育費に困っている親にたいしてお米やお金を与える施策をおこなっていました。これは、飢饉《ききん》が続き、貧しさにあえいでいた農民たちが赤ん坊を間引きし、人口が減ったことへの対応でした。

お金の支援＝少子化対策という発想は現在にも引きつがれています。それは岸田政権の

こども・子育て政策に「若者世代が経済的な不安を覚えることなく、希望どおり結婚・出産・子育てを選択できるようにします」と書かれていることからもうかがえます。

でも、こうした説明は、理屈で考えるとあまりスッキリしません。というのも、もし、経済的不安、貧しさを理由に子どもが産めないというのであれば、困っている人たちだけにお金をあげればすむ話だからです。

この疑問を解消するためには、「だれが何を保障するのか」について整理しておく必要があります。

江戸時代には、コミュニティのなかで生活に必要なサービスを提供しあってきた、という話をしましたね。いま、警察、消防、初等教育、介護といったサービスを提供しているのは、人びとの生活空間にもっとも近い地方自治体です。

これにたいして、日本国憲法の第25条に「健康で文化的な最低限度の生活を営む権利を有する」と生存権が定められているように、国は国民の命を保障する義務を負っています。ですから国は、貧しい人たちの命を守るべく、お金中心の給付をおこなうことになります。

このような地方自治体と国の役割のちがいが見えてきますと、国が児童手当、すなわちお金を給付することの意味が理解できるのではないでしょうか。

子育て支援という言葉をよく耳にします。でも、そもそも生物は子育てをあまりしないのだ、と農学者稲垣栄洋さんは『生き物が大人になるまで』のなかで指摘しています。稲垣さんは言います。哺乳類は弱いからこそ生きのびるために子育てをしてきたのだ、と。

弱い存在の哺乳類のなかでも、とりわけ弱い存在が赤ん坊であり、子どもです。だからこそ、私たちは、その小さな命を守るために給付をおこなうべきなのであり、だからこそ、国はすべての赤ん坊、子どもたちにお金を届けるのです。

以上の視点はとても大事です。実際には児童手当を受けとっているのは親です。ですが、その目的は、親の所得保障でもなければ、少子化対策でもありません。弱い存在として生まれてきたすべての子どもたちの生存権の保障です。だからこそ、親の所得とは切りはなして、すべての子どもたちに国からお金が給付されるべきだ、ということになります。

このように考えたとき、以下の児童手当法第1条をみなさんはどう読まれるでしょう。

「父母その他の保護者が子育てについての第一義的責任を有するという基本的認識の下に、児童を養育している者に児童手当を支給することにより、家庭等における生活の安定に寄与するとともに、次代の社会を担う児童の健やかな成長に資することを目的とする」

子どもは国によってではなく、親によって育てられるべきだ、だから手当の目的は親の生活の安定にある、とされていますよね。まさに江戸時代につうじる発想です。このような発想があるかぎり、所得制限をなくして十分な財力がある親にお金をわたす政策は、法の理念と矛盾してしまいます。

自民党が否定した「子どもは社会で育てる」という理念が大事だからこそ、所得制限は外されるべきでしたし、その意味で民主党がすべての子どもに手当をだそうとした判断は正しいものでした。それだけに、ねじれ国会という障害があってもなお、子どもの命を守る国の責任を訴え、自民党の主張に彼らは反対すべきだったと僕は思います。

疑いのまなざしが支配する社会

第一章では、僕の子どものときの体験と重ねあわせながら、「人を助けることはよいことなのか」という、かなり思いきった問いを投げかけましたよね。

生活保護を例にしながら、この問いをさらに深めてみたいと思います。

保護を申請するためには、まず役所の窓口に行かねばなりません。そこではいろいろ質問されます。持ち家、たくわえはないか、お金の支援を親族から受けていないか、さまざまな「疑いのまなざし」が申請者にはそそがれます。

哲学者ジョナサン・ウルフは、これを「恥ずべき暴露（shameful revelation）」と呼びました。いかに自分が貧しく、弱い存在であるかをすべて告白して、やっと助けてもらえる、そのことの悲しさをみごとに言いあらわした言葉です。

でも本当に大変なのはここからです。お役所での審査が終わったら終わったで、「助けてもらえる貧しい人」と「助けてもらえない貧しい人」の分断線が引かれます。

貧しい人たちは、同じアパート、同じ地域に住むことがしばしばありますよね。ですから、ふだん家にいるご近所さんのお宅にお役所の人が出入りしているのを見て、行政から何らかの支援を受けていることに気づく人たちが出てきます。

「助けてもらえない貧しい人」が「助けてもらえる貧しい人」をねたみ、彼らがどんなものを買っているのかを疑いのまなざしで監視する状況は、そんなささやかな気づきから生まれます。実際、自分の名前をかくして「あの人がお酒を買っていた」「たばこを買っていた」とお役所に告げ口する、そんな悲しいできごとが毎日のように起きているのです。お役所の人たち自身も疑いのまなざしから自由にはなれません。審査をする人には良くも悪くも決定権があります。ですので、たとえば、反社会的勢力の人たちの圧力に負け、利用資格のない人たちの申請を受け入れてしまうかもしれない、そんな疑いのまなざしがむけられてしまいがちです。

貧しい人たちをお金で救済する方法は、社会のあちこちに疑いのまなざしを張りめぐらせ、他者を信頼できない社会をつくってしまう可能性があるのです。

信頼したほうが得をする

政治学者のボー・ロススタインらは、ベーシックサービスのように、すべての人びとを受益者にする方法が他者への信頼を高めることを明らかにしました。

ベーシックサービスは、生活保護のような「助けてもらえる貧しい人たち」を最小化していきます。お金の面では、生活保護の半分近くを占めるのは医療扶助ですから、医療費をタダにすれば、あっというまに生活保護はほぼ半分になります。教育扶助や介護扶助も要らなくなります。

これは、だれもが堂々と、権利として、医療、教育、介護といったサービスを受けられる社会が生まれることを意味します。「恥ずべき暴露」など存在しない社会の誕生です。「助けてもらえない貧しい人」が「助けてもらえる貧しい人」をねたむ必要もなくなります。なぜなら、すべての人たちが受益者ですからね。もちろん、所得審査がなくなれば、お役人さんが勝手にものごとを決める余地も小さくなります。

それだけではありません。生活保護の予算は一気に減ります。役所で働く人たちの仕事の負担もおどろくほど軽くなるでしょう。なぜなら、所得をチェックする作業には、多くの人手と時間を必要とするからです。

何よりも大きいのは、社会の多数を占める中間層が低所得層と連帯しはじめる可能性が生まれることです。「弱者を助ける」社会では、不正をおこない、ウソをついてお金を引きだしているんじゃないか、そう疑って不正を暴けば、気分がスッキリし、自分の税負担も軽くできます。貧しい人たちは目の敵にされてしまうわけです。

ところが、みんなが受益者の社会では、貧しい人の苦労に思いをはせ、彼らの立場に立って応援するほうが多数者のメリットになります。なぜなら……そう、自分もそのサービスをもらえるからです。

先に見た「国際社会調査プログラム」や「世界価値観調査」を調べてみますと、日本では他者への信頼度がとても低いことがわかります。反対に、ベーシックサービスのように、《だれもが受益者》という戦略を意図的にとっている北欧諸国では、他者への信頼度がきわめて高いことが知られています。

北欧にはいい人が多いんでしょうか？　ちがいます。人を信頼したほうが得をする社会を彼らは作りだしたのです。サービスの配りかたこそがカギなのです。

すべての人にアクセスを保障せよ！

残念なことに、日本には、他国と比べて所得格差を小さくすることに同意する人が多くない、という実情があります。ただそうは言っても、収入に格差があることを「よいことだ」と考える人は少ないんじゃないでしょうか。

でも、ここでも疑問がわいてきます。所得格差がいけないのはいいとして、じゃあどこまでの差なら許されるんでしょうか。格差是正を訴える人たちがいますが、その人たちは、どこまで格差を是正すれば納得できるのでしょう。

完全に格差のない社会は、社会主義国でさえ作れなかったわけですから、当然、所得や資産の差はどこの国にも残されます。格差を語ることのむつかしさは、「許される格差」を論理的に示せない点にあります。

これは大きな理論的限界です。格差は好ましくない、というところまでは同意できますが、どこまでそれを修正すべきかについては主観に左右されます。この悩ましい問題にひとつの答えを与えてくれたのが、マニュエル・カステルの『都市・階級・権力』です。

カステルは、共同で生産し、消費されるサービスの重要性に目をむけました。そして、収入面における不平等が「集合的な諸サービスへの接近可能性と利用にかかわって生じる新しい社会的分裂の中に表されている」ことを見事に見ぬきました。

カステルの視点に立つと、所得格差じたいが問題なのではなくて、みんなが必要とするサービスにアクセスできる人と、できない人の分裂を生むことが問題だ、ということになります。

許される格差を論理的に説明するのは簡単ではありません。ですが、人間が生きていくために必要なサービスへのアクセスがすべての人たちに保障されるとすれば、そのうえで生じる格差は、許される格差に近づくことになるでしょう。

アリストテレスは、『ニコマコス倫理学』のなかでふたつの正義について語りました。ひとつは、ふたりの差をふたりの平均に近づけること。もうひとつは、汗をかいた人がむくわれることです。格差を小さくすることは大切ですが、がんばった人と、そうでない人の間に格差が生まれることもまた、大切な「公正さ」の基準なのです。

品位ある最低保障を

でも気をつけてくださいね。僕はここで近づくとしか言えませんでした。

必要なサービスをすべての人びとに保障しあう社会ができたとしても、大きな問題は必ず残ります。それは、収入の少ない人たち、働くことのできない人たち、がんばろうにもがんばれない境遇にある人たちは、どうやって生きていくのか、という問題です。

高齢者やシングルマザー、障がいのある人たちなど、事情があって働けない人がいます。

許される格差だと強弁して、その人たちの命をほったらかしにするのは、明らかにまちがっています。事故にあったり、心の病におかされたりして、運悪く途中で職を失う人もいます。運の良し悪《あ》しで生まれる格差を許してよいはずがありません。

生活保護のなかには生活扶助と呼ばれるものがあります。食料や衣類、光熱費など、生きていくためにどうしても必要となるお金です。ベーシックサービスがすべての人たちに保障されたとしても、じつはこの部分は残ります。

僕は、生活扶助は、「最後の自由の砦《とりで》」だと思います。限られた予算のなかで、かりにそれがお酒であっても、たばこであっても、どれを節約して、どれに使うのかを自分自身で決める、そんな自由は何があっても保障されなければならないからです。

失業したときに利用できる失業給付も大切です。ILO（国際労働機関）の報告書によると、調査対象の7カ国のなかで日本は中国に続いて失業給付を利用していない失業者の割合が高く、その比率はなんと77％にたっしているそうです。

経済学者の大沢真理さんは、雇用保険の対象とならない非正規労働者が多いことにくわえ、とりわけ女性の非正規労働者の雇用保険への加入が不十分であることに警鐘を鳴らしています。もっともな視点だと思います。

日本に住宅手当がないことも問題です。住居確保給付金というしくみはあります。ですが、原則3カ月、最大9カ月しか給付されず、「誠実かつ熱心に求職活動を行うこと」が条件とされています。生活保護の住宅扶助を使うほど貧しくはないけれども、所得が少なくて困っている人たちのための補助のしくみが日本には整えられていないのです。

生活扶助の充実、失業給付の拡大、住宅手当の創設といった「命の保障」は不可欠なものです。ただし、命の保障を「最低限」という言葉だけで片づけてはいけません。

ここ最近の日本では、最低限の保障と言いながら、最低のラインをどんどん切りさげてきました。事実、全国のあちこちで裁判が起き、減額を違憲とみなす判決が次々と出されています。ですから、命の保障は、たんなる最低限の保障ではなく、《品位ある最低保障(decent minimum)》でなければならないのです。

日本は弱い立場に置かれた人たちへのやさしさが成りたちにくい国です。だからこそ、すべての人たちの暮らしをベーシックサービスで保障し、中間層の生活不安を取りのぞくことで、彼らの低所得層への寛容さを引きだしていかねばなりません。

ただし、ここで僕が「保障」という言葉を使っていることに気をつけてください。日本は職を失ったとたんに将来不安におそわれる社会です。この不安はお金持ちにもひらかれています。ですから、固定化された、特定の貧しい人たちへの救いではなく、すべての人たちに共通のリスクにたいする共通のそなえが品位ある最低保障なのです。

《弱者を助ける》から《弱者を生まない》への転換をめざす。運の良し悪しで一生が左右される人たちの命を保障する。そんな《中低所得層のあたらしい同盟》こそが、僕の思いえがく理想社会の大切な柱なのです。

人類の願い　ベーシックニーズ

さて、ベーシックサービス論の骨格がわかってもらえたと思うのですが、みなさんの頭のなかにはスッキリしない感じが残っているのではないでしょうか。

というのも、「みんなが必要なサービスって何?」という大切な問題、つまり、ベーシックという言葉の定義を僕はスルーしてきたからです。

これはきわめてむつかしい問いです。でもこの問題から逃げれば、議論はうすっぺらいものになります。理屈っぽくなりますが少し付きあってください。

1976年にILOが開催した会議で「ベーシックニーズ（basic needs）」という考えが提案されました。これをさらに発展させた「ベーシックヒューマンニーズ（basic human needs）」もあるのですが、混乱をさけるため、以下ではベーシックニーズで統一しておきたいと思います。

ベーシックニーズとは、

(1) 食糧、家や施設、衣服などの個人的に消費される基本物資
(2) 共同体で提供されるべき安全な飲料水、衛生環境、公共交通、健康、教育などのサービス

そして暗示的にではありますが、

(3) これらに影響を与える意思決定への人びとの参加

をさしています。

どの国に生まれても、みなが人間らしく生きていける権利を守る。僕のベーシックサービスは、この人類の願いとも言うべきベーシックニーズの議論から出発しています。

ただ、ここで僕が願いと表現したことからもわかるように、ベーシックニーズにはいくつかの批判が投げかけられています。

第一に、富裕層から貧しい人たちへの再分配は、資源のムダ使いになるかもしれず、経済の成長力が低下してしまう、という批判があります。批判者たちは、むしろ成長力を生みだすような領域にお金を使ったほうが、貧しい人たちもふくめてみんなの収入の底あげにつながるはずだ、と言います。

第二に、これらのサービスやモノが提供されることと、それを利用し、生活の質を高めることのあいだには、大きな差があるという問題です。たとえば、手の不自由な人におはしを与えても、結局、食事にありつけないことを想像してみてください。

第三に、ここで言われている「ベーシック」をどのように定義するか、という問題があります。衣食住にかかわるものは比較的理解が得やすいかもしれませんが、「共同体で提供されるべき」と言われてしまうと、地域ごとに何が必要なのかについての評価はわかれてしまうかもしれません。

ベーシックニーズへの疑問に答える

ひとつめの批判には僕は否定的です。そもそも、生きること、暮らすことの権利は、経済の効率性を犠牲にしてでも守られるべきものです。

ただ、これって、いかにも学者っぽい言いかたですよね。

ふつうの感覚では、再分配をすれば成長力が弱まる、と言われれば、だれだってひるむはずです。でも、ＯＥＣＤやＩＭＦ（国際通貨基金）のレポートが明らかにするように、最近の研究では、所得格差が大きいほうが経済成長をそこなうことがわかってきています。

なぜでしょうか。所得の少ない人たちのなかにも才能をもった人はたくさんいます。その人たちの経験や技能の開発・蓄積がさまたげられれば、社会全体で見たとき、経済成長の土台が掘りくずされてしまうからです。

図２－２（１０８ページ）は、所得格差が１９９０年から２０１０年のあいだの経済成長にどの程度マイナスの影響を与えたかを示しています。格差が３ポイント拡大すると、経済成長率は、25年にわたって０・35％ずつ押しさげられる、と試算されています。

図2-2　格差変動（1985〜2005年）のその後の累積的成長（1990〜2010年）に対する影響

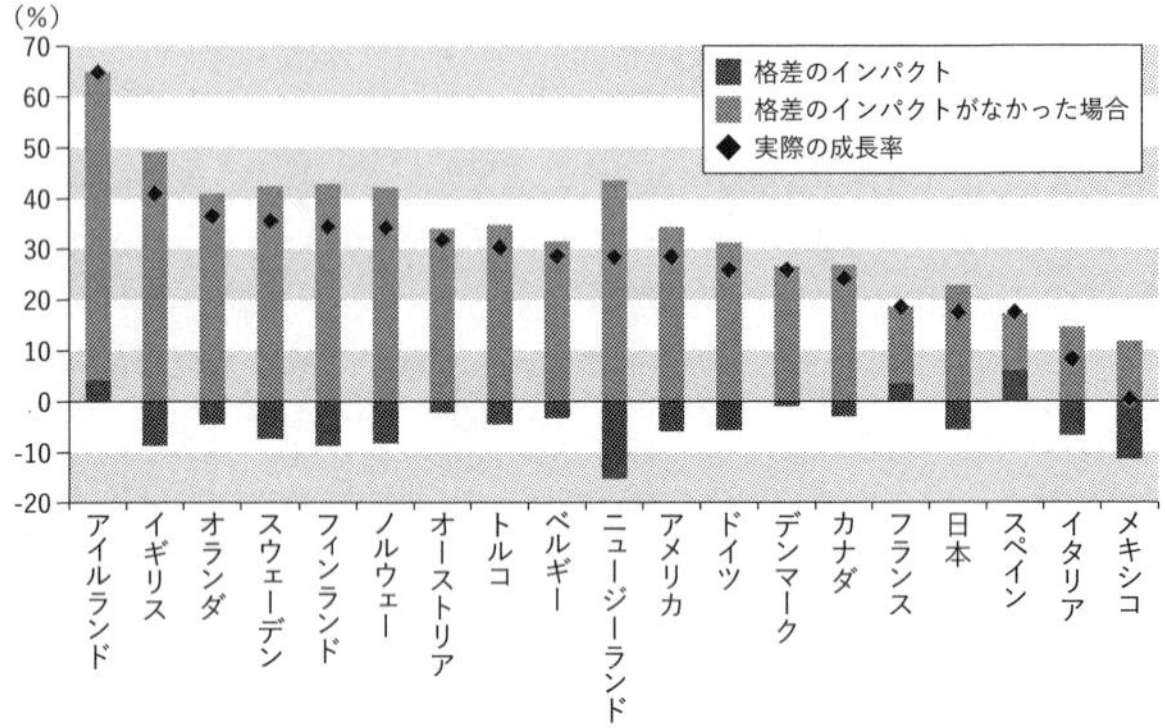

出所：OECD, 2014, Trends in Income Inequality and its Impact on Economic Growthより引用。

一方、第二、第三の問題は、注意深く検討されなくてはなりません。

第二の批判である、みんなが必要とするサービスを提供するだけでは、本当の意味でのアクセス保障にならないという批判は、そのとおりです。

ベーシックサービスの無償化がすすめば、貧しい家庭に生まれても安心して病院に行けますし、途中で失業しても、子どもの学費を心配せずにすみます。でも、各人がかかえている「生きづらさ」については、何も改善されません。学校でかかるコストがいくら安くなっても、不登校の子どもたちは現実には学校に行けていないのです。

僕がサービスの前に《ベーシック》という冠をつけたのは、まさにこの思想が、人間の命と暮らしの土台を作ることを意図しているからです。ただ、同時にそれは、命と暮らしの保障の「先」に、また別の問題があることを示したかったからでもあります。

この点については、第四章であらためて検討することにしましょう。

ベーシックニーズと僕の思想のちがい

「みんなが必要なサービスとはなにか」という第三の批判にうつります。

残念ながら、みんなが必要とするサービスは、理論的に決められません。その社会を生きる人たちが議論し、選びとっていくものです。だからこそ、ベーシックニーズの定義のなかに「意思決定への人びとの参加」がふくまれているのです。

でも、みんなの必要はみんなで決める、はい、おしまい、じゃ、身もふたもありませんよね。もう少していねいにこの問題を考えてみたいと思います。

人間である以上、だれもが必要とするものがあります。哲学者ハートレー・ディーンは、これを「共通ニーズ」と呼びました。衣食住にかかわる「財」はまさにそれです。

しかし、この共通ニーズをすべて政府が提供すべきか、個々人で手に入れるべきか、は考えかたに差があります。社会全体で提供するものを「社会ニーズ」、個々人で手に入れるものを「個人ニーズ」と区別しましょう。そのとき、パンや衣類、住まいを全国民に提供したらみなさんはどう感じます？　まるで社会主義国のようですよね。

そうなんです。先に見たベーシックニーズのなかの(1)食糧、家や施設、衣服などの個人的に消費される基本物資は、たしかに人類に共通のニーズではあるのですが、これは一般的には個人ニーズだと考えられているのです。

ここにベーシックニーズ論の限界があります。当時はまだ、右肩あがりの成長志向から抜けだせていませんでした。ですからベーシックニーズの(1)は、アフリカの難民・子どもたちのような、限られた人びとを助けることを意味していたのです。

この点は、ベーシックニーズとベーシックサービスのちがいを考えるうえでのポイントになります。貧しい人を助ければすべての人が、ではなく、リアルにすべての人たちの幸福を考える、これがベーシックサービスの哲学なのですから。

ちなみに、サービスではなく、財をすべての人たちに提供するのは、私たちの社会の原則からはみ出してしまいます。

政府は道路や水道のような財を作っているのでは？　そんな疑問が浮かぶかもしれません。たしかに政府は、道路や水道や橋を作ります。ですが、その所有者は特定の個人ではなく、政府そのものです。つまりみなさんは、政府のつくった道路や水道や橋といった財からもたらされるサービスを利用しているのです。

21世紀は人口が減少し、経済が長期にわたって停滞する時代です。だからこそ、かぎられた財源を有効に使うために、安あがりなサービスに限定してすべての人たちを受益者にする道をめざしたい、これがベーシックサービスの基本戦略です。

なにがベーシックで、なにが必要なサービスなのか？

社会ニーズ、すなわち何を社会全体で提供するのかは、話しあいでしか決めることはできません。そして、ベーシックサービスもまた、この社会ニーズのひとつです。

では、何を基準に「社会が提供すべきだ」と考えるのでしょうか。必要理論の専門家であるイアン・ゴフは、この基準を示すために、人間のもっとも基本的なニーズを「社会的な生活への参加」「健康」「自律」の3つにわけて説明しました。

ゴフが重視するのは、「危害（harm）」をさけることです。社会的な、人間らしい生活をこわす危害は、もしそれがなかったら実現できたさまざまなこと――それは病院に行ったり、大学で勉強したりすることですし、健康で、知識があるからこそできることもあるはずです――を実現できなくしてしまいます。

社会的な、人間らしい生活とはなんでしょう。それは、社会のなかで役割をもつ、人と人との関係にくわわる、これらの人間らしい「生」をさします。そのような生を手にするためには、「危害」にそなえることで、健康に生きられること、考え、みずから選択していくための精神的な自律が保障されねばならない、とゴフは言います。

ゴフの議論を踏まえますと、僕の議論は以下のように整理できます。

衣食住のような財をみんなに与えることはできませんし、やるべきではありません。だから、品位ある最低保障の原則にしたがって、働けない人たち、働けても収入が不十分な人たちに必要なお金を給付し、生存を保障します。

他方で、医療や介護、障がい者福祉などは、健康の観点から不可欠なサービスでしょうし、保育サービスがなければ親が働けないことから、これもまた親の社会生活への参加という観点から受けいれるべきだ、ということになります。

精神的なひとり立ちのための大学無償化

議論がわかれるのは、教育、とりわけ大学教育ではないでしょうか。そこでこれから、なぜ大学教育がベーシックサービスなのかについて僕の考えをお示しします。

ただし、これは答えなのではなく、ひとつの考えかただ、ということを忘れないでください。つまり、さまざまな考えかたがぶつかりあい、議論することじたいにベーシックサービスの本質がある、ということです。

大学教育の無償化にかんしては、大学をタダにしても勉強する気のない子どもたちをいたずらに進学させるだけではないか、大学がタダになっても、結局、お金持ちの子どもだけがいい学校にいくのではないか、という批判が出てきそうです。

ですが、これらの批判は、的を射ていません。大学に行く／行かないは、各人の選択でかまいませんが、大学教育それじたいは、万人にひらかれるべき権利です。なぜなら、大学教育は、人間の「精神の自律」の前提をなしているからです。

私たちには投票権があります。ですが、投票の権利を与えられても、人びとは、自分で考え、判断し、選択できなければなりません。それができてはじめて、私たちは社会の言いなりになるのではなく、自律して生きていくことができるはずです。

家庭の所得水準が進学できる大学のレベルを決めるという批判は、以上の視点を欠いています。大学教育にとって大事なのは、「考える」「判断する」「選択する」ための知識や専門性を提供する場であるかどうかであって、偏差値が高いかどうか、ではありません。

大学教育は、政治への参加意欲、政治や権力にたいする態度に影響を与えます。

OECDのデータによると、「政治に関心があると答えた成人の割合」は、高卒以下が42％、高卒が51％、大卒が65％となっています。また、「政府のやることに発言したいことがあると感じる成人の割合」も、高卒以下が27％、高卒が33％、大卒が46％と、高学歴化によって賛成する人の割合が増えています。

権力からの精神的自律をなしとげる、すなわち、事実を見つけだし、権力と批判的に向きあうためにも、大学教育はベーシックサービスのひとつだと考えるべきです。

大学はそれぞれの理念にしたがって、精神的な自律を可能とする教育サービスを提供せねばなりません。国であれ、政府から独立した機関であれ、その目的を達成できるよう、教育の質をコントロールすべきです。それができていない大学は設置を取り消すことだってありえるべきです。

ですから、精神的自律をたもつ、という本来の目的が達せられているのならば、そのなかの偏差値の差は、本質的な差とは言えないのです。

なぜそんなに偏差値が大事なの？

偏差値なんて大した問題じゃない――僕はそう言いきりましたが、以上の理屈はイマイチみなさんに響かない気がします。「そんなのただのキレイごとでしょ」というつぶやきが聞こえてくるようです。

じゃあ、視点を変えてみましょう。そもそも、なぜ、偏差値の高さがそこまでみなさんの関心をひくのでしょうか。答えは単純です。それは、いい大学にいき、いい会社に入らなければ、おだやかな暮らしを手に入れられないからです。

多くの子どもたちが東京を中心とした大都市に移り住む理由は、都会へのあこがれもあるでしょうが、偏差値の高い大学が都市に集中していることが大きいですよね。

ベーシックサービスがめざすのは、こうした社会の価値観を変えることです。

いまの日本では、世帯収入300万円で生きるのは大変です。この年収で何人かの子どもを産み、育て、大学に行かせようと考えるのは、かなりハードルが高いでしょう。

でも、大学の学費がいらなくなり、老後も病院や介護の心配がない社会になったとしたらどうでしょう。私の収入が150万円、パートナーの収入が150万円、それだけあれば、ぜいたくはできなくても安心して生きていけます。生まれ育った故郷で生きる自由を手にできます。少子化や東京一極集中などの問題もグッとやわらぐでしょう。

みなさんは自分の子どもを大富豪にしたくて勉強をさせていますか？　そうではなくて、人並みか、できればちょっといい暮らしをたのしんでほしい、そんなささやかな願いから子どもたちを受験戦争にうながしているのではありませんか？

もしそうなら、子どもたちに《生きかたの選択肢》を与えるべきです。もちろん、偏差値の高い学校をめざし、大都会に出て、先端的な学びの機会にふれることはすばらしいことです。それをさまたげる理由などどこにもありません。

ですが、精神の自律を手にするという本来の目的に立ちかえり、多くの人たちが受験に必死になるよりも、青春時代をたのしみ、地域にある大学に行き、生まれ育った街で愛する人と出会い、働き、生きていくという選択肢もあってよいのではないでしょうか。

この選択の自由のための経済的な土台こそが、ベーシックサービスなのです。

ライフセキュリティの社会へ

ベーシックサービスと品位ある最低保障を車の両輪とした社会を、僕は《ライフセキュリティの社会》と呼びます。命と生活、すなわち「ふたつの生（＝life）」を保障しあう社会という意味です。

ライフセキュリティの社会は、お金とはちがう「ゆたかさ」をもたらしてくれます。

子どもは費用ではなく、いつくしみの対象に変わります。勉強ができない、たったそれだけの理由で子どもをしかりつけ、傷つける必要はなくなります。子どもも、大人も、ともに将来の不安から解きはなたれた社会なのですから。

私たちは、本当にやりたい仕事にチャレンジできるようになります。会社のもとめる長時間労働やサービス残業にたいして反対できるようにもなります。仮に一時的に失業しても、転職して給与水準がさがっても、みなが安心して生きていける社会なのですから。

働く人たちが力を持てるようになれば、定時に帰り、家族とともに食事をするという当たり前の自由もまた、もどってくるはずです。

想像してみてください。仕事を終えて、家族と買い物に出かける、いっしょに夕食を作り食べることができる、そんなふつうの社会のことを。24時間やっているお店なんていらなくなります。人間を深夜まで働かせることのない社会は、ムダな電力やプラスチックの容器を必要としない社会でもあります。

毎晩、家族と過ごし、子どもやパートナーのその日のできごとを聞き、語りあえるようになれば、週末は自分の時間を持てるようになるでしょう。平日の穴うめのように子どもに付きあう必要はありません。地域の活動や政治的なイベント、さまざまな実践と対話の場に参加することだってできるようになるはずです。

僕は、そんなにむつかしいことを言っているでしょうか？　家族との食事の時間は、ローマ時代の奴隷にさえ認められた自由です。その当たり前の権利を、当たり前に受けとれる社会を作ろう、そう言いたいだけです。

みなさん、そろそろ本気で発想を変えませんか？

ずっと昔、日本人のことをあざけり、エコノミックアニマルと呼んだ人たちがいました。こういう品性に欠ける言いかたは論外ですが、ただ、私たちほど経済にしばられて生きている社会はない、という指摘は一片の真理をふくんでいます。

「国際社会調査プログラム」のなかに、「医療制度・教育・治安・環境・移民問題・経済・テロ対策・貧困」について「今の日本で最も重要な問題は何だと思いますか」という質問があります。日本では58・1％、全体のほぼ6割が「経済」と答えています。調査した34の国・地域のなかでダントツの1位です。

たしかにお金があれば生きる・暮らすために必要なサービスを市場から買うことができるようになります。ですが、経済はすっかり弱ってしまい、生きること、暮らすことの不安は以前と比較にならないほど強まってしまいました。

もう、いい加減に、《経済に依存した社会》から抜けだすべきなのです。

ではそのときの対抗軸はなんでしょう。それは《共にある》という視点です。共にある、と言われると、なんとなく人間をしばりつけるような、自分らしさを押し殺して、まわりにあわせなければいけないような印象を受けるかもしれません。でも、そうではありません。むしろ人間の「自由の条件」を整えたいからこそ、この共にあるという言葉の意味について私たちは考えなければならないと思うのです。

多様性は大事、ですませない

人間や動物は、まわりの環境とのかかわりのなかで生きています。

環境にはさまざまな「特性」があります。たとえばきれいな池があったとします。そこには「おぼれる」という可能性が秘められています。子どもにとってはおそろしいことですが、反対に大人にとっては「心地よい、いやしの場所」かもしれません。

環境には無数の特性があり、それらはそれぞれの人間の特性と組みあわさって、さまざまな「意味」をつむぎだします。だから私たちは、好ましい関係をつくれる場所を探しもとめ、そこに住み、それとのかかわりのなかで自分の特性をいかして活動し、生きることの意味を見つけようとします。

人間と環境には無限の特性があり、その組みあわせも無限であり、生きることの意味や価値もまた無限に存在しています。これはつまり、人間が本質において多様な存在である、ということと同時に、一日、一日を生きていくことによって多様性を獲得していく存在でもある、ということを示しています。

人間が本質的に多様な存在である以上、各人の多様性、それじたいが権利としてみとめられるべきなのは当然です。

でも多様性は権利だ！　と主張するだけで良いのでしょうか。生きることによっても多様化がすすむのであるなら、日々の生活をつうじてその人なりの多様性を手にできるための条件、その具体的な道すじを考える必要があるのではないでしょうか。

この問いに答えるには、私たちは「共にある」という視点に帰らねばなりません。

そもそも、本来的に多様で、生きることによってさらに多様性を実現していく人間が、なぜ他の人たちと共にあろうとするのでしょうか。

おそらく理由はひとつです。それは、田植えであれ、寺子屋であれ、医療であれ、教育であれ、《共通の必要》をおたがいに満たしあわないと不安でしかたがないからです。

各人が多様性だけを追求していけば社会はバラバラになります。すると、だれもが生きる／暮らすために必要なもの＝《共通の必要》を満たせる人と満たせない人が生まれてしまいます。運の悪い人、貧しい家庭に生まれた人は、なんとか生きのびるために、自分の個性を犠牲にし、他者に従属するしかなくなってしまいます。これは多様性の否定です。

多様性を尊重する社会は、共にあろうとする社会であることを条件としています。だからこそ、税をつうじてみなが痛みを分かちあい、一人ひとりのベーシックサービスを保障することで、すべての人たちが社会生活に参加でき、健康に、自律して生きていくための条件を整えていかねばならないのです。

強調しておきたいのは、ベーシックサービスの無償化が多様性を支えるだけでなく、《ライフセキュリティの社会》を実現していくプロセスじたいが「共にある」という感覚をはぐくむ条件ともなっている点です。

哲学者ジョン・デューイが指摘するように、社会の基礎にある「共通理解」はモノのように手わたすことができません。共通の目的をもち、関心をもち、それとのかかわりのなかで、自分たちの行動を決めていく、これらのプロセスをつうじて共通理解がはぐくまれ、共にあるという感覚がつちかわれていきます。

もちろん、人びとはみなが連帯し、手と手を取りあって、和気あいあいと生きていけるわけではありません。議論をすれば必ず意見は食いちがい、対立が生まれます。

ですが、この対立や食いちがいを否定する社会に民主主義は居場所がありません。ベーシックサービスの「何がベーシックなのか」は話しあいで決まる、と言いました。正直、切れ味に欠ける言いかたです。ですが、ベーシックサービスの無償化には、何がみんなにとっての必要なのかを話しあい、そのために必要なお金をどの税で、だれから、いくらくらい集めるべきかを話しあうプロセスが必ずともないます。

自分だけでなく、仲間たちの命や暮らしについて想像してください。私たちにとっての公正さ、社会のあるべきすがたを語りあいましょう。そうすることで、「共にある」という感覚はみずみずしさを取りもどします。

他者の存在、他者の価値を肯定する社会は、他者が私という存在、私の価値をみとめる社会でもあります。「共にある」という感覚をもった社会は、他者の価値を大事にすることは自分の価値を大事にしてもらうことに等しいということ、他者の自由が自分の自由と地続きであることを私たちに教えてくれます。

多様性を大事にする社会、それは人間の自由を尊重する社会です。ただし、そんな魅力的な社会は、権利としての尊さを説いて満足するだけでも、すたれゆく経済にまかせっぱなしにするだけでも、絶対に作れっこないのです。

甘やかしたらサボるでしょ？　という思いこみ

命や暮らしの心配がない社会が生まれたら、だれもまじめに働かなくなるんじゃないか、と思っている人はいませんか？　やさしくしすぎると人間はダメになる。この点は終章で掘りさげますが、ありがちなこの発想はデータ的に根拠にとぼしい話です。

先進国のなかでも租税負担が高く、生活保障が充実している北欧と比べてみましょう。

「ＩＭＤ国際競争力ランキング２０２３」ではデンマークが１位、スウェーデンが８位、フィンランドが11位、ノルウェーが14位にたいして、日本は35位です。２０００〜20年の実質経済成長率を比べてみても日本の平均値は北欧のそれのおよそ半分です。

国際競争力や経済成長率だけでなく、さまざまな指標をもとに作られた国連の「世界幸福度ランキング（2023年）」を見るとさらにちがいは顕著です。フィンランド1位、デンマーク2位、スウェーデン6位、ノルウェー7位にたいして、日本はなんと47位という状況です。

僕はべつに、北欧をめざそう、と言いたいわけではありません。1990年代以降、私たちは「グローバルスタンダード」という名の「アメリカンスタンダード」を追いかけてきました。ですが、私たちがアメリカになれなかったのと同じように、いくら北欧のマネをしても、同じ国になれるわけではありません。

ここで強調したいのは、少なくともこれらのデータを見るかぎり、不安におびえる社会よりも、命や暮らしの支えをしっかりと作り、これを跳躍板として未知の領域にチャレンジできる国のほうが、経済的にも、社会的にも、ポジティヴな結果を生みだしているのではないか、ということです。

みなさんは、働ける人、働けない人、すべての人たちが将来への不安から解放される自由な社会をめざしたいと思いませんか？　人間はだれだって、自分や自分の家族の幸せを願って努力するものです。しかし、そのことと、他者も同時に幸福になれる社会をめざすことは、矛盾しませんよね。

私の幸せとあなたの幸せをひとつにするために知恵を出しあう。共にあるという実感につつまれながら、一人ひとりの個性を大事にする多様性に満ちた社会を作る。これは、人間にしかできないことです。そんな人間くさい社会作りに挑んでみたいと思いませんか？

第三章

できる大改革とできない大改革
～ベーシックインカムとMMTを批判する

ベーシックインカムなら知ってるけどね

おそらくみなさんも聞いたことのあるベーシックインカム。僕の主張するベーシックサービスとなんとなく響きが似ていますよね。お金さえあれば、病院にだって、学校にだって自由に行ける世の中になりますから。

ではいったいどこがちがうのでしょうか。

経済学者ガイ・スタンディングの定義によると、ベーシックインカムとは、所得制限をつけずに、すべての人たちに定期的にお金を与える政策です。論者によって額はさまざまですが、月に何万円、何十万円というお金をもらえると聞くと、とても魅力的に聞こえますよね。

一方で、みんなにお金を配ると聞くとなんとなくドキッとしますが、実際には、そんなに突飛な話ではありません。古くはトマス・ペインが1795年に執筆した論考、「土地配分の正義」のなかで、すでにベーシックインカムにつながる提案がおこなわれています。

理屈はこうです。いまある所得や富は、自分の努力だけでなく、先に生まれた人たちの努力と業績による部分が大きい。であれば、もともとみんなの共有財産だった土地からあがる収益は全国民に配分されてよいはずだ、こうペインは訴えたのでした。

同じような視点は、シャルル・フーリエ、ジョン・スチュアート・ミル、ヘンリー・ジョージなど、多くの知識人によって共有されてきました。

ベーシックインカムの特徴やメリットは、以下の点にまとめられます。

第一に、すべての人たちが所得の審査から自由になれます。助けられる人たちは、ムダ使いするな、働けるのなら働けと、他者から指図されがちです。でも、一部の集団が他の集団から生きかたを指図される社会は公正とは言えません。ベーシックインカムは、慈善を権利に変えることで、他者に生きかたを指示されない公正な社会をめざします。

第二に、お金で命が保障されるようになれば、働くことと休みを楽しむこと、好きなほうを選べるようになります。労働はそれを望んだ人たちが選んだ結果になりますし、生きる心配がなくなれば、不当な労働を強いられてもそれに逆らうことができるでしょう。

第三に、政府が税でお金を集め、これを社会保障や教育に使うことは、お金の使い道を自分で決める人間の自由を損ねます。ベーシックインカムも、財源が税である以上、取られる不自由さは残りますが、お金の使いみちは自分で決められるようになります。

第四に、AI化が進むと、人間の仕事が機械にうばわれてしまうリスクが高まるかもしれません。だったら、AI化のすすんだ機械が生みだす収益をベーシックインカムとして人間に還元していけばどうでしょうか。機械と共存でき、すべての人たちが安心して生きていける社会ができるかもしれません。

第五に、所得が増えれば、それだけ生活費、とりわけ教育にかかるコストにあてられますので、子どもの出生率を高める有効な手段になると考えられます。

毎月いくらもらえるのかがカギ

ベーシックインカムにはさまざまな利点があります。第三と第四の点は、のちにふれることにして、ここでは、第一、第二、第五の論点を検討してみましょう。

公正な社会という観点から見た場合、メリットの大部分は、ベーシックという特徴からきています。所得審査にパスしないとお金をもらえないしくみは、申請する人の心に屈辱を刻みこむと言いましたよね。反対に、審査をやめて、一人ひとりの権利を保障していけば、救済される恥ずかしさ、社会からの冷たいまなざしをなくせます。

また、貧しい人たちだけだと受益者がかぎられますが、中間層もふくめたすべての人たちの生活コストを軽くできれば、出生率の向上につながることも期待できるかもしれませんよね。

ただし、所得とは関係なく、だれもが受益者になることが利点であれば、同じベーシックがついているベーシックサービスでも、同じメリットが共有されます。実際、ベーシックサービスも所得審査はありません。また、大学や医療、介護などにかかる生活コストは劇的に軽くなりますから、結果的に出生率の向上も期待できます。

じゃあ、両者のどこがちがうのでしょうか。

ベーシックインカムの利点は、すべての人たちの所得保障をおこなえる点にあります。つまり、たくさんのお金を配れば「救済される領域」は消えてなくなるわけです。

ベーシックサービスの場合は、医療や教育、介護がタダになるので、医療扶助や教育扶助、介護扶助をなくせます。でも、生活扶助や失業給付など、品位ある最低保障、つまり、働けない人たちが救済されるように見える領域は残ってしまいます。

すでにお話ししましたように、品位ある最低保障は、固定化した貧しい人たちへの救いの手ではありません。あくまでも、仕事を失えば安心して暮らしていけなくなるという、みんなに共通のリスクへのそなえであり、全員の命の保障です。

ただそれでも、一部の人たちだけがお金をもらっているという現実はあります。ここは第二の論点との関係から見て重要な点です。つまり、ベーシックインカムが有効か否かは、すべての人たちが生きていけるだけのお金を給付できるかにかかっているのです。

もし、月額数万円の給付であれば、それだけで生きていくのはムリです。結局、生活保護のなかの生活扶助が必要になりますから、救済される領域が完全になくなる、というベーシックインカムのメリットは消えてしまいます。

労働と休みの好きなほうを選ぶ自由も、給付水準とかかわりますよね。月額数万円の給付があれば、年に一回、ハワイ旅行を楽しめるでしょう。でも、労働と休みを好きなように選ぶという、ベーシックインカム本来のねらいからはほど遠いものになります。

このように考えると、「健康で文化的な最低限度の生活」とリンクしている生活保護の給付水準、平均で言えば、月額12万円程度の給付がなければ、ベーシックインカムの優位性はかなり弱められるか、消えてしまうことになります。

ベーシックインカムはお金がかかる

月に12万円のお金をすべての国民に配ってみましょう。必要な経費は、約180兆円、これは新型コロナ禍以前の国の予算の約1・8倍にあたります。ＩＬＯは、ベーシックインカムを実施すれば、少なくともＧＤＰの２〜３割のコストがかかると試算していましたから、だいたいこの試算どおりか、それ以上の数字という感じですね。

問題は、この財源をどこから引っぱってくるか、です。

消費増税だとすれば、税率をもう64％引きあげねばなりません。気が遠くなるような数字です。企業の内部留保に税をかける方法はどうでしょう。よく内部留保が５００兆円を超えたという報道がなされますが、現預金は、中小企業もふくめて二百数十兆円ですから、これが1年ちょっとで吹っ飛ぶ計算になります。

ペインの構想に学び、２５００兆円をこえる不動産に税をかける作戦はどうでしょう。この場合、お金をしぼりだすために、株や不動産を売却せねばなりませんので、資産価値は大きく下落するでしょう。とくに、古い持ち家はあるけれど収入の少ない人たちからは、家をうばうことになりかねません。

このように、ベーシックインカムは理念的にはおもしろいのですが、必ず財源問題にぶつかってしまいます。日本維新の会が目玉政策としてベーシックインカムをかかげていましたが、財源問題を理由にこれをあきらめたのもうなずける話です。

財源問題をこえられない結果として、議論はふたつの道のどちらかをたどります。

ひとつは、給付額を切りさげ、5万円、あるいは7万円程度の額でおさめる方向性です。気持ちはわかるのですが、この程度の給付では、結局、生活扶助が必要ですから、ベーシックインカムの理論的な強みは消えてしまいます。

また、多くの人たちは、仮に給与が月額何万円か増えたとしても、仕事を大幅に減らして休みにまわしたりはしないでしょう。年収300万円の人が380万円になったからといって、いきなり仕事を休みだす状況をみなさんは想像できますか？　というより、そもそも、仕事のやりがいは所得の多さだけで決まるものではありませんよね。

もちろん、仕事を減らすことはできなくても、旅行の質が高まったり、消費が増えたりはするでしょう。旅行や消費が増えれば、景気を刺激するというメリットはありますし、それがあたらしい税収を生むかもしれませんね。

でも、お金の使いかたは各人の自由ですから、貯蓄にまわす人も出るでしょう。将来不安がなくならないかぎり、この可能性は高くなりそうです。コロナ禍の特別定額給付金が貯蓄にまわされたことを思いだしてください。もし、景気を刺激したいのなら、ベーシックインカムより、政府が直接消費するほうが効果は大きいものと思われます。

社会保障をベーシックインカムに置きかえる?

もうひとつの道を見てみましょう。それは、いまある社会保障給付をベーシックインカムに置きかえることです。財源問題から逃れられないとすれば、既存の社会保障をベーシックインカムに移しかえるしか方法はありません。

もっと正確に言うと、5万円なら76兆円、7万円なら107兆円のお金がかかりますから、現実には、いまある社会保障給付を財源にあてなければ、ベーシックインカムの導入はかなりむつかしいと考えるべきです。

図3-1　社会支出とベーシックインカムのコスト

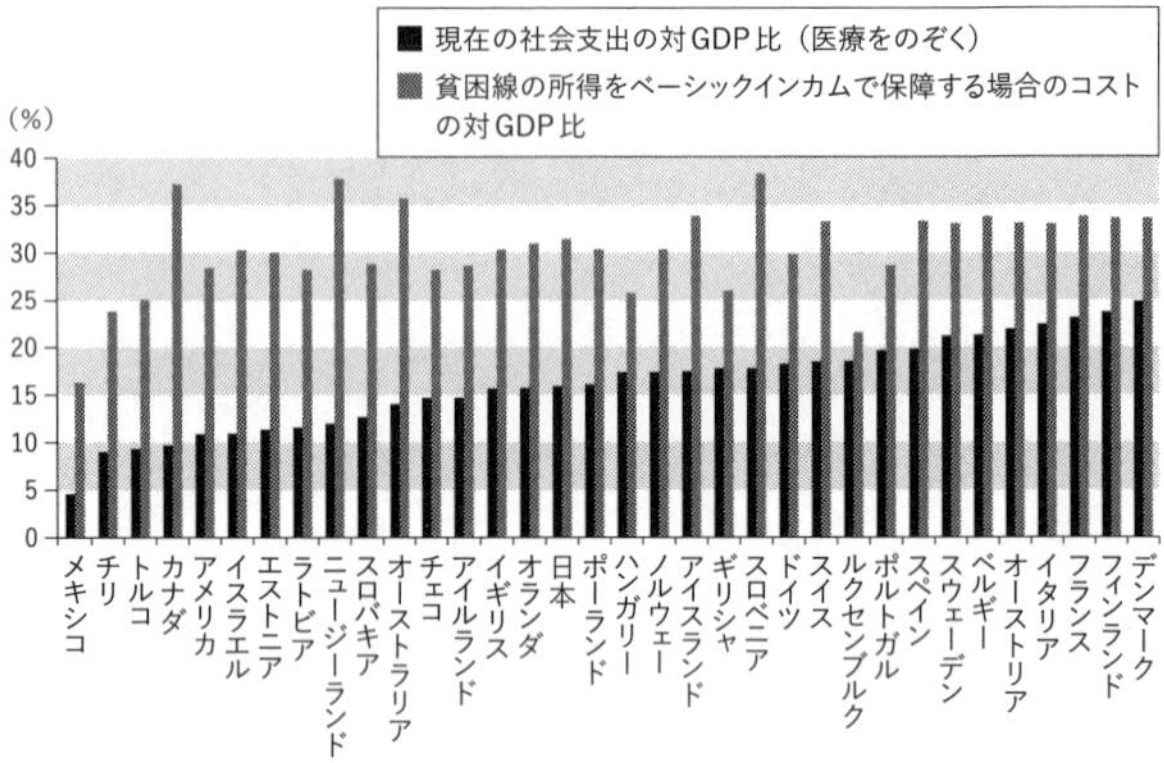

出所：ILO, 2018, Universal Basic Income proposals in light of ILO standardsを修正。

図３－１を見てください。ＩＬＯによる試算です。貧困線を上まわる所得、日本で言えば、年間１２２万円程度を保障しようとすると、医療をのぞいた社会保障だけではお金が足りないことがわかります。この方法は根本的な財源問題の解決策にはなりません。

ただ、医療もふくめれば、いまの社会保障給付費が約１３０兆円ありますので、対応可能です。これを全国民にお金として配れば、貧困線はこえられませんが、年間で約１００万円、月あたり８万円強の給付をおこなうことができます。

しかし、この方法は、おどろくほどギスギスした世の中を生んでしまいます。

まず、社会保障のなかには生活保護費がふくまれています。ということは、平均月額12万円だった生活保護の給付額が8万円強にまで減ってしまいます。

年金受給者の受けとりも8万円程度に減らされます。年金の額は個人によって大きな差がありますが、保険料をはらわなかった人たちは得をし、保険料をしっかりはらい、給付額が大きいはずだった人は損をすることになります。

さらに、医療や介護の自費負担は10割になりますから、将来の病気や介護に自己責任でそなえなければなりません。お金の使いみちは自由なので、給付金を目の前の借金の返済にあてる人も出るでしょう。でもそのとき、日本社会からは、生活保護は消え、医療や介護が10割負担になっていることを忘れないでください。

男女の間のリスク差も問題です。12万円の保障があるなら別ですが、生活の保障が消えて自己責任が基本になりますので、男性にくらべて出産などで働ける期間が短く、雇用が不安定で、収入や貯蓄が少ない女性のほうがリスクは大きくなりがちです。

国が所得を保障すれば、民間企業は賃金をカットするかもしれません。これをとめるには、政府による企業への介入を強めなければなりませんが、それは人間の自由をめざす本来のベーシックインカムのねらいと矛盾してはいないでしょうか。

ようするに、自由にお金を使えるようにしたいはずですが、現実には、お金を使うのがこわくてしかたない状況が生まれるのです。そうなれば、景気を刺激する、という当初のもくろみもまた、水の泡になってしまうかもしれません。

保障しあう領域の大切さ

現実的に考えれば、医療や介護の保障をなくすことはできません。人の生き死にに直結してしまいますからね。お金はもうあげたでしょ、病気で死ぬのはあなたの責任、そんな社会が人びとに受けいれられるとはとても思えません。

おそらくは、年金や生活保護などのお金で給付されている部分をベーシックインカムに置きかえるのが精一杯だと思います。ですが、それでも社会の分断は深まり、給付される額は一気に小さくなって、当初の理念とはかけ離れたバラマキに近づくでしょう。

この論理的なゆきづまりは、自由と引きかえに、公的に「保障しあう領域」を縮小させることからくる、必然的な結果です。保障しあう領域が小さくなれば、お金がもどってきても、そのお金を貯めて使う「自己責任の領域」が広がります。だからこそ、私たちは他者とのちがいが気になり、将来への不安もまた強まってしまうのです。

この問題は、先に見たベーシックインカムのメリットの第三点と関係します。政府に指図されず、お金の使いみちを自分で決められると聞けば、自分の自由が強まった感じがしますよね。でも、保障しあう領域をなくし、自由にお金を使えるようにすれば、究極の自己責任社会が生まれることになります。

たしかに、政府をとおすと自由が損なわれるというのは、政府を信頼できない多くの人たちにとっては納得のいく主張です。ですが、政府をつうじてお金を出すからこそ、だれからどうお金を集め、それをどんな目的のために使うのかを話しあう、ムダな使いかたをしていないかチェックする、つまり、民主主義の手続きが大事になってきます。

政府は信じられない、政治家も信じられない、だから税金を自分の手元に取り返そう、こうした右派にありがちな主張は、僕に言わせれば敗北主義です。少しきびしい言いかたかもしれませんが、政治をあきらめるのではなく、きちんと政府を監視するために、民主主義を再生していくことこそが王道のはずです。

繰りかえさせてください。ベーシックサービスの前提にあるのは民主主義なんです。サービスはそれぞれに目的があります。交換がききません。学校で受けている教育サービスと病院で受けている医療サービスを交換しても無意味です。そもそものニーズ、必要がちがっているのですから。

だからこそ、私たちは、何がベーシックなサービスなのか、どのサービスの緊急性がもっとも高いのか、どのサービスとどのサービスを組みあわせれば受益者の範囲を広げられ、政治的な合意を整えやすいのかを考え、話しあい、選択しなければなりません。

みんなにお金を配る社会では対話の機会はグッと減ります。何が人間にとっての基礎的な必要かを論じる必要はありません。政策の緊急性もどうでもいい話です。みんなにお金を配るだけですから。話しあいといえば、せいぜい配る金額を決めるくらいでしょう。

それどころか、むしろ自由と引きかえに、個人化が押しすすめられないか心配です。お金持ちからすれば、税がもどってきたうえに、自己責任で生きる社会にでき、弱い立場に置かれた人たちのことなど気にせずにすみますから。

だからこそ、人間の自由を大切にしたい左派だけではなく、小さな政府や個人主義を高く評価する右派、リバタリアンと呼ばれる人たちもこの考えかたを支持するのです。右と左の思想的な呉越同舟ともいうべき状況が生まれるのです。

民主主義とは必要をめぐる対話の積みかさねです。僕は、人間をお金で自由にしてあげるのではなく、自由に生きようとする人間のためにできること、その条件を考える対話の可能性を大事にしたいと考えています。

財源問題を無視してみんなに配ってしまえば、すべての人がお金を受けとれます。だから、すべての人の暮らしが楽になるというのは、そうなのかもしれません。

でも、与えられたお金を世間が考えるような正しい目的に使わなかった人たちは放置され、目のかたきにされることでしょう。

それを阻止するには、正しくお金を使う義務をさだめ、一人ひとりの生きかたをコントロールしていくしかありません。お金を好き勝手に使い、他の人たちの暮らしに関心を持たない社会では、人びとの将来も、社会の秩序も崩壊してしまいますからね。

自由を訴えていたけれども、義務を前提にしなければ立ちゆかなくなる。ここにベーシックインカムの究極的な限界があります。これは、保障しあう領域、そして民主主義を手ばなしてしまうことの大きすぎる代償なのだと僕は思います。

特別定額給付金から見えたこと

ここでもう一度、お金にくらべてサービスは安あがりだ、という話を思いだしてください。2020年度に実施された特別定額給付金は、このことを、とてもわかりやすいかたちで私たちに教えてくれました。

特別定額給付金にかかった事業費は約13兆円でした。億の単位をこえると、額のすごさがわかりにくくなってしまいますよね。ちなみに、2019年度の幼稚園・保育所の無償化にかかった予算は約8000億円でした。

当時の安倍首相がおっしゃったように、幼保無償化は、戦後史に残る画期的な政策でした。その歴史的事業の約16年分の予算がたった1年で、しかも年間10万円、月で言えばわずか8300円ちょっとの現金にすがたを変えたのです。いかにお金がサービスにくらべて高コストか、わかりますよね。

もう少し話を具体的にしましょう。母ひとり、子ひとりの「ひとり親世帯」を考えてください。13兆円のお金があれば、各人に10万円ですから、年間20万円の現金を給付できることになります。月額でいえば、約1・7万円ですね。

でも、大学の在学費用は、平均で400万円かかると言われています。20年間、がんばってお金を貯めて、やっと1人分の学費になる計算です。

ベーシックインカムだと、いらない人にもお金が配られます。幼稚園と大学を出た人は、ふたたびそれらの教育を受けなおすことはありません。このちがいが巨額の費用の差となってはねかえってくるのです。

思考実験をしてみます。もし僕の主張するベーシックサービスと品位ある最低保障を組みあわせれば、10万円だった給付がこんなふうにすがたを変えます。

まず、大学、介護、障がい者福祉を中間層もふくめ、すべてタダにし、現役世代の医療費の自己負担もいまの半額にさげましょう。これはベーシックサービスの部分ですね。

そのうえで、品位ある最低保障として、住宅手当を創設し、月額2万円を全体の2割、1200万世帯に配ります。それだけではありません。リーマン危機で350万人に達した失業者数を念頭に、月額5万円のお金を出しましょう。住宅手当と失業給付、あわせると月に7万円、年間84万円です。

以上すべてで約13兆円です。考えてみてください。働けない人たちの「明日の不安」を取りのぞきながら、中間層もふくめた社会全体の「未来の不安」を思いきってなくしてしまう政策と、お金持ちもふくめて10万円を配る政策、どちらがいいですか？

僕はベーシックインカムの理論を全否定したいわけではありません。すべての人たちの命や暮らしを考え、救済を保障に変えようとする議論が広がっていることは、すばらしいことです。学者が頭の体操をおこなううえでも、とても刺激的な理論だと思います。

また、公明党の提案ではじめられた特別定額給付金は、所得で人間を区別しないという意味で、理念的には大きな前進だったと思います。

ただ、これをバラマキで終わらせてはなりません。税を使って命と暮らしを保障する領域をしっかり整え、そのうえで、お金の給付がどのように人間の暮らしの質を高めるかを論じあうほうが、より現実的で、説得力のある議論になるにちがいありません。

《貯蓄ゼロでも不安ゼロ》の社会

さて、いよいよ核心にせまります。

ベーシックサービスの無償化、つまり、医療、介護、教育、障がい者福祉の自己負担をなくすためには、どれくらいのお金がかかるのでしょうか。

ここが一番みなさんの知りたいところですよね。結論から言います。もし、みなさんが、「消費税を16％ちょっとにあげてもいいよ」とおっしゃれば、その瞬間に、ベーシックサービスは無償化されます。住宅手当の創設も、失業給付の充実もできます。

仮に、毎年度の財政赤字をなくすのであればもう3〜4％くらい必要となる計算です。財政再建まで考えると20％くらいをめざして消費税率をあげることになります。

ここで言う無償化は実質的な意味での無償化です。たとえば、義務教育で必要になる給食費や学用品費、修学旅行などのお金も要らなくなります。あるいは保育士や幼稚園の先生、介護士さんの給与も引きあげられて、利用者の待機問題を解消できます。

いま100円の飲み物が110円から116円ちょっとになる、かわりに、子どもの教育費の心配をせずにすみ、医療や介護などの老後の心配もなくなる、もし、自分や自分の子どもが障がいをもっていても、お金の心配をしなくてすむ、ということです。

そうです。《貯蓄ゼロでも不安ゼロ》の社会は作れるんです。そんな社会をめざすために、税金を「取られるもの」から「暮らしの会費」に変えていく。ここがポイントです。

ただ、税を暮らしの会費に変えるというと聞こえはいいですが、実際には、いろんな反発がありそうです。

さてみなさん。ここからが本書前半の山場です。がんばってついてきてくださいね。

一番大きな心配は景気が落ちこむことです。まずは数字を追いかけてみましょう。2014年4月に消費税が5％から8％に引きあげられました。その結果、実質GDP成長率は前年度の2・7％からマイナス0・4％に3％以上も低下しました。

たしかに増税後の経済成長率はさがっています。でも注意したいのは、前年の2・7％という数字は第二次安倍政権のなかでもっとも高い数字だった、ということです。これは、増税後の消費が増税前に移動した「かけこみ需要」の影響です。

2019年10月の8％から10％への引きあげのときは、2018年度の0・2％からマイナス0・8％への低下ですから、さらにおだやかな変化でした。ちなみに、19年の10月に大型台風19号が日本経済に深刻な打撃を与えました。それでも、1％減という小さな変化でしかなかったのです。

2019年の増税のときにはおもしろい変化が起きていました。家計消費が落ちこんだかわりに政府消費が伸びたのです。理由は、消費増税で手に入れたお金をもとに、幼保や大学のお金を政府がかわりに支出したからです。

家計の最終消費支出はマイナス1・1％でしたが政府最終消費支出は2・1％伸びています。2014年度のそれがそれぞれマイナス2・6％、0・9％だったのとは大ちがいです。これは、増税によってあつめたお金をきちんと給付に結びつけていけば、景気へのマイナスの影響を小さくできる、という可能性を示唆しています。

経済の底力を引きあげよう！

みなさんは自分が何歳で死ぬか、知っていますか？

くだらない質問だと思わないでください。これは本質を突く質問です。だれも自分の寿命なんて知らないですよね。そうなんです。だから、私たちは、100歳まで生きてもいいようにお金を貯めるのです。でも、たいていの人はその前に死んでしまいますから、過剰貯蓄、裏をかえせば、過少消費がものすごい大きさで発生してしまっています。

これは切実な問題です。僕には4人の子どもがいる、と言いましたが、この子らが全員、私立の中学、高校、大学にいきたい、と言いだすかもしれません。すると塾や習いごとをふくめて、5000万円以上のたくわえが必要になります。子どもを産み育てるのは本当に命がけです。

もちろん、だれも進学しない、ということもありえます。そうだとすれば、これらのたくわえは、本当は消費に使えたはずのお金だったことになります。これらのお金を消費にまわせていれば、いまの経済が成長し、所得が増え、あらたな税収が生まれたはずなのです。

おわかりでしょうか。みなさんが銀行にお金をあずけて、将来不安におびえながらそのお金を塩づけにするのではなく、税金をはらうかわりに、それを毎年度、毎年度、政府が消費する経済に変えていくべきなんです。

将来の安心をバネにして消費を刺激し、経済の成長トレンドを引きあげる。公共事業や

図3-2　成長を底上げするベーシックサービスモデル

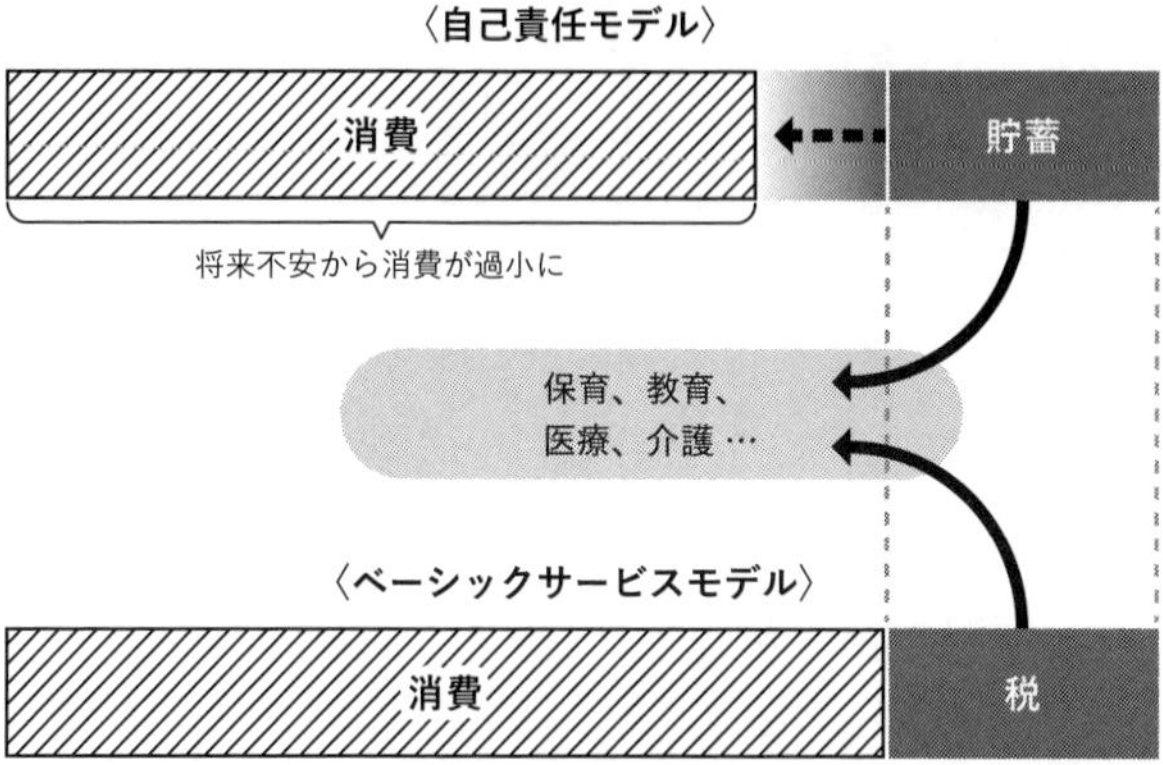

減税などの《投資先行型経済》を《保障先行型経済》につくりかえるのです。

図3－2を見てください。私たちは生きていると必ずニーズが発生します。たとえば、生まれたあと、ほったらかしにされて生きのびられる赤ちゃんはいません。だから必ず保育のニーズが生まれます。

病気にならない人間も、一生、教育や介護が必要ない、自分は障がい者に絶対にならないと断言できる人間もいません。医療、教育、介護、障がい者福祉のニーズは、生きているかぎり、つねに存在しているのです。

このようなニーズを、働いて、貯金して、将来不安におびえながら自己責任で満たしていく社会を続けていきますか？　それとも、みんなで暮らしの会費を出しあって、だれもが不安から自由になれる社会に変えていきますか？

私たちは、まさに決断のときをむかえているのです。

「山が動いたシンドローム」は終わった

僕はこれまで消費税の引きあげでお金をあつめ、命と暮らしを保障すべきだ、と言ってきました。わかりやすくするために消費税で説明しましたが、この税だけでお金をあつめる必要はありません。いろんな税の組みあわせでよいのです。

ですが、この税の組みあわせのなかに消費税を入れた瞬間、左派の人たちからはげしい批判を受けてしまいます。

日本の左派は消費税に強いアレルギーをもっています。その発端のひとつが１９８９年、平成元年におこなわれた参議院選挙です。消費税の導入をめぐって争われたこの選挙では、導入反対をかかげた日本社会党が選挙で圧勝しました。

そのとき、当時の委員長だった土井たか子さんが有名な言葉をおっしゃいました。知ってますか？「山が動いた」というフレーズです。それ以降、日本の政治には「山が動いたシンドローム」が生まれてしまいました。

成功体験ゆえに消費税批判は左派にとっての絶対的正義になりました。自民党は自民党でこのときの失敗体験が尾をひき、消費税を財源とした命と暮らしの保障を論じられなくなりました。おまけに、１９９７年の消費増税の翌年におこなわれた選挙でも大敗しましたから、このトラウマはいっそう強いものになってしまいました。

この歴史体験は、日本社会にとって幸せなことではありませんでした。ふつうヨーロッパでは、左派こそが日本の消費税にあたる付加価値税を財源として、サービスの充実を訴えてきましたが、日本ではそれが起きなかったのです。

政治学者の加藤淳子さんは、付加価値税をオイルショックの前に導入できたかどうかで、福祉国家の大きさが変わることを明らかにしました。日本の導入は１９８９年ですから、かなり出遅れてしまったことになります。

でも、歴史はふたたび動きました。２０１７年と19年の選挙では消費増税を訴えたほうが勝ち、21年、22年の選挙でも、消費減税を訴えた野党があっさりと破れたのです。平成のはじまりとともに生まれた「山が動いたシンドローム」は、最期のときをむかえたのでした。

なぜ消費税ははずせないのか

僕の発想はきわめてシンプルです。消費税を軸に、所得税や法人税などのお金持ちや大企業への課税を組みあわせればよい、というものです。

ここでのポイントは「消費税ははずせない」という点にあります。

理由は簡単です。消費税はときにステルスタックスと呼ばれるように、目に見えにくく、負担感が少ない一方で、多大な税収を生むからです。消費税率を1％引きあげると約2・8兆円の税収増となります。でも、1237万円超の富裕層の所得税率を1％あげても1500億円程度、法人税率を1％あげても5000億円程度の税収しか生まれません。

僕は消費税を16〜20％程度にまであげるべきだ、と言いましたよね。これをほかの税に置きかえると、所得税なら120〜180％、法人税なら35〜50％程度の引きあげが必要になります。これじゃあ経済は破たんしてしまいます。

先にもお話ししましたが、企業の内部留保に税金を、という議論もあります。でも、企業全体の現預金の半分以上を保有する中小企業はバタバタたおれるでしょう。もし、大企業に限定して課税するとすれば、わずか数年で金庫が空っぽになってしまいます。

ようは、消費税を抜きにすると、実現できる政策のスケールがとても小さくなってしまうのです。ケタちがいの税収を生む消費税を選択肢からはずし、富裕層や大企業への課税のみで社会を変えようと言ってもリアリティがありません。

ですから、僕は消費税を軸に命と暮らしを保障しつつ、貧しい人の負担が相対的に大きくなる消費税とお金持ちへの応分の負担を組みあわせることで、税と税のあいだの公正さを実現していくべきだと考えるのです。

認められたいという欲求を満たす

もうひとつ、消費税を中心にすることの大切な理由があります。それは「承認欲求」の問題です。

哲学者アクセル・ホネットは、まわりの人から認められたい、という人間の承認欲求を満たすための条件を、次の3つに整理しました。

(1) 家族から惜しみない愛を受け、自分自身を信頼できるようにすること
(2) 他者と同じ権利をもち、道義的責任を果たすことで自己尊敬の感情を育むこと
(3) 共同体などへの貢献をつうじて自分の価値を確認できるようにすること

消費税は、たしかに、貧しい人もふくめたすべての人たちを負担者にします。でも、そこで思考を止めてはいけません。そもそも消費税の負担は、住宅手当で相殺されるどころか得をします。また、みなさんは、給付ですべての人たちの命や暮らしを保障しあうという、もうひとつの顔も知ったはずです。

《ライフセキュリティの社会》では、子どもはコストではなく、いつくしみの対象になると言いました。教育費負担から解放され、子どもたちを受験戦争から自由にし、まっとうな労働環境を手にした親たちは、子どもの成績にカリカリすることなく、おだやかな時間を過ごせます。子どもたちは、親から愛されているという確信をよりもつことでしょう。

消費税は、貧しい人も、外国籍の人も、日本に暮らすすべての人がはらう税です。すべての人が納税の義務という道義的責任を果たすことになります。だからこそ、救済される

のではなく、サービスを利用する権利を私たちは手にできるのです。

だれもが、納税の義務を果たし、将来への不安のない社会を作るための担い手になれる社会は、自分の属する社会、コミュニティを支えている自負をもつでしょう。それは、自分の価値を実感することができる社会でもあります。

僕のねらいはまさにここなんです。

税を語ればきらわれます。おまけに消費税はとりわけ批判の強い税です。僕だってこんな話をわざわざしたくありません。でも、耳ざわりのいい人気取りの政治評論ではなく、本気で将来の社会ビジョンを語ろうとすれば、この問題から逃げることはできません。

僕はあたらしい社会像をリアルに示したいのです。どんな社会像？　それは、他者から認められていることを実感できる、仲間とともに希望と痛みを分かちあえる、誇りに満ち、人間の顔をした社会にほかなりません。

ＭＭＴじゃいけないの？

それでもなお、借金でお金をまわせばいいんじゃないか、という気持ちはみなさんのなかに残るかもしれません。この発想に立てば、ベーシックインカムの財源問題も解消されますからね。

「現代貨幣理論（Modern Monetary Theory：MMT）」によると、自分の国の通貨なら、いくら借金をしても問題はなく、財政は破たんしないと言われています。財政が破たんしないのであれば支出は好きなだけ増やせますし、仮にインフレになっても、そのときに増税して、物価の上昇をおさえればすむだけの話です。

増税はせず、借金で財政を思いきってまわしていくというアイデアは、一見、よさそうな感じがしますよね。でも、１９９０年代を見ればわかるように、空前のスケールで所得税の減税と公共投資を繰りかえした結果、残されたのは、先進国最大の政府債務とデフレ経済でした。財政だけではもちこたえられないほど日本経済は弱っているのです。

この経験に学ぶのであれば、論理的に考えると、平成元年に２６６兆円だった政府債務残高が平成の終わりには１１００兆円をこえたわけですから、それをはるかにしのぐ財政出動が必要になるはずです。

思いきった議論をしましょう。みんなに毎年１００万円ずつ配れば、消費は増えるでしょう。その結果、日本経済はデフレから脱却できるでしょう。ですが、同時に円が市場にあふれかえり、はげしいインフレが起きるにちがいありません。デフレからの脱却は、大幅な物価上昇を意味する危険性が高いです。

いや、おそらくもっと話はシンプルです。MMTを主張する党が政権を取ったとします。それだけで円の価値は大きく下がり、何もしてないのに輸入品の価格があがってインフレになるでしょう。イギリスのリズ・トラス首相が所得税の減税を主張しただけでポンドが大暴落し、わずか45日で辞職に追いこまれたことを思いだせばわかるはずです。

目先では増税せずにすむかもしれません。でもいずれ、インフレというかたちで、モノの値段があがるという「見えない税」が発生します。あるいは、インフレを税でおさえこもうとすれば、相当、大規模な増税が必要となる覚悟が必要です。

それは、僕が議論したような話しあい、受益の結果としての増税ではありません。よってだれかの先食いの後ばらい、下手をすれば見かえりのない取られっぱなしの増税です。

なぜ、そのようなリスクを負ってまで、極端な借金依存の財政をつくらなければいけないのでしょうか。僕には、正直、わかりません。

学問的にいえば、ＭＭＴは論争のさなかにあり、正しい理論なのか、まちがった理論なのか、まだ答えは出ていません。ですから、学者や評論家がＭＭＴそのものを論じることに違和感はありません。

ですが、うまくいくかもしれないけれど、大変なことになるかもしれない、そんなリスキーな政策に国民の命をかけるギャンブルのような政治は、いくら耳ざわりがよくても、ひとりの国民として絶対に支持することはできません。だから僕は、税の話から目をそらすことなく、実現可能なあるべき社会のすがたをみなさんと語りあいたいのです。

民主主義を守るために

以上の議論にはより深刻な問題点があります。それは、財政が破たんしないことを強調しすぎるあまり、この本で重視してきた「民主主義」という大切な論点がスッポリ抜け落ちてしまうことです。

財政法では「その年度の支出はその年度の収入でまかなう」ことが原則とされています。いまの自分が欲しいものを、未来の人たちの収入をあてにして買うことを繰りかえせば、未来の人たちの「意思決定」をさまたげてしまうからです。

私たちが好きなだけ借金をして、その結果、深刻なインフレに苦しむことになったときを考えてください。それが来年の人であれ、5年後、10年後の人であれ、若い人たちの一部は、自分たちが決めたわけじゃないムダ使いのツケを増税ではらわされます。

しかも赤字国債は60年かけて返済します。高齢者が先に亡くなることを考えれば、結局、長期にわたって負担させられるのは若い世代の人たちなのです。

財政民主主義という言葉を聞いたことがありますか?

なぜこんな言葉があるのか、ぜひ考えてください。それは、議会で、みんなが必要だと思うものを考え、そのために必要なお金をどこから、どのように集めるのかを話しあうからです。実際、日本の国会でも、一番注目される委員会は予算委員会ですし、一年の大部分は予算のことを話しあっています。

ここはとても大事な点です。税が前提だから、私たちは、必要なものとムダなものを話しあいます。ムダが多ければ多いほど、税の負担は増えていくからです。子どもたちに、自分たちが決めてもいない負担を押しつけるのは公正ではありません。だからこそ、議会できちんと議論しないといけないのです。

もし、税を前提にしないのなら、こんな話しあいは、一切いらなくなります。好きなものを好きなだけ、しかも税金をはらわずに、手に入れることができるのですから。その意味で、ＭＭＴを利用した政治主張は、政治の、民主主義の自殺行為なのです。

歴史を見てください。人類が革命をつうじて、命がけで手にしようとしたものはなんだったでしょうか。税金をなくそうとしたのではありません。税の使いみちを自分たちが自由に決める権利を手にしたくて闘ったのです。

イギリスの権利章典であれ、アメリカの独立宣言であれ、フランスの人権宣言であれ、みな同じです。税があることへの怒りではなく、税の使いみちを勝手に決める支配者への怒りがハッキリと書きこまれています。

民主主義とは、痛みを分かちあってでも、この社会を生きる仲間たちの幸福を考える地道で大切なプロセスです。伸《の》るか反《そ》るかのギャンブルでこのプロセスを破壊することは、人類の歴史への冒とくだと僕は思います。

信じられない政府という壁

もうひとつ、大きな困難があります。それは政府への不信感という問題です。政府のなかにいる人びとを信頼できるかという問いにたいし、「つよく賛成」「賛成」と回答した日本の人の割合は、「国際社会調査プログラム」では38対象国・地域中36位、「世界価値観調査」でも、「政府をどの程度信頼しますか」という質問にたいし、「非常に」「かなり」と答えた人の割合は60カ対象国・地域中52位です。

みなさんのなかにも、政府のことが信用できない、政府は私たちの希望どおりに税金を使ってくれない、という不信感があるかもしれません。

この批判にはふたつの答えを示したいと思います。

まず消費税法の第1条2を見てください。消費税の収入については、毎年度、制度として確立された年金、医療、介護、そして少子化対策にあてると書かれています。

先に見た児童手当ともからんで、消費税の対象経費がこれだけで良いのかという問題はあります。ですが、制度的には所得税や法人税のほうが目的外に使用されるリスクは高いですから、政府が信じられないなら、使いみちを限定している消費税をいかすべきです。

ただ、私たちは一度、悲しい経験をしています。じつは、民主党政権のもとでの社会保障・税一体改革では、消費税を5％から10％に引きあげるうち、その8割が社会保障の生みだす借金を減らすために使われたんです。

みなさんはこの事実を知ってましたか？　おそらくほとんどの人が知らなかったんじゃないでしょうか。

日本は税の話から逃げ、借金にたよっていろんなサービスを提供してきました。これは財政民主主義の本質である、みんなに必要なものを話しあい、そのための負担を議論しあう、という経験を持てずにきたことを意味します。

税金のことなんて考えなくても、サービスは受けられる。この体験の積みかさねは、税の使いみちをきちんとチェックしない、自分の税が何に使われるか知ろうとしない、非民主的な社会を生みました。MMTに頼った主張は民主主義の自殺行為だと僕はきびしく言いましたが、借金慣れは、現実に民主主義を骨ぬきにしたのです。

大切なのは、税の使いみちをチェックする力です。いったい何のために、だれのために税を使うのか。これを見きわめる私たちの力こそが問われているのです。

だったら僕らが監視すればいい！

もうひとつの答えはもっと明快です。そんなに信頼できないのなら、信頼できるようにしてしまえばいいんです。

オランダの経済政策分析局（Centraal Planbureau：CPB）を紹介しましょう。CPBは1945年に設けられた政府機関です。政府機関とはいっても、政府から介入されずに分析をおこなえるように制度設計されています。

彼らは、選挙のさい、それぞれの政党や市民団体の要望を受けて、各党の公約を実施したときに予想される経済や財政への影響を分析して発表します。あの政党の政策をおこなえば、財政赤字がこれくらい大きくなる、この政党の政策が選ばれれば、自分たちの税金がこれくらい重くなる、有権者は政策効果を目に見えるかたちで知ることができます。

CPBのおかげで、有権者は、自分がどの党に投票すべきかがわかります。社会学者リヒテルズ直子さんは、オランダの国政選挙の投票率が8割をこえている背景のひとつとしてこの機関の存在をあげています。

政党の行動も変わります。自分たちの政策が数字で見えるようになると、各党は非現実的な選挙公約を作れなくなります。また、与党が選挙公約をなかったことにしてしまえば有権者から強い反発を受けますから、彼らは公約を必死に守ろうとします。

政府が信じられないから増税に反対という主張を聞くと、僕はとてもはがゆい気持ちになるんです。そんな主張はもうやめてほしい、とさえ思います。

フランスもまた、日本とならんで国民が政府を信頼しないことで知られる国です。ところが先進国のなかでもっとも税金が高い国のひとつでもあります。フランスの人たちは政府を信じていなくても、福祉や教育にたくさんのお金をかける連帯の国を作りました。

では、なぜ私たちにそれができないのでしょう。

そんなに政府のことが信じられないのなら、彼らをきちんと監視し、同時に、彼らが私たちの期待どおりに行動してくれるための方法を全力で考えるべきです。そこから逃げておきながら、政府はウソつきだと言って増税に反対し、借金を正当化する極論に突きすすむ発想、これも右派のベーシックインカムと同じく敗北主義だと言わざるをえません。

社会は自分だけのものではありません。《私たちの社会》だからこそ、よりよい社会をめざして、ていねいに、ねばり強く議論していくべきです。それは、子どもや若者よりも先に生まれた人間の責任です。無関心、気づかないふり、そして反対のための反対は、不幸を増殖させる培養液なのです。

問われる人間観と社会観

MMTやベーシックインカムの議論を聞いて感じるのは、理論的な正確さ以上に、いかなる人間観をもち、いかなる社会観をもっているのかがわからないことへの違和感です。

お金があれば嬉しいのはだれだってそうでしょう。でも、お金さえ与えれば人間を幸せにできる、と考えるとすれば、それはまちがいです。僕は、お金をあげて人間を幸せにする世界ではなく、生きていく、暮らしていくための心配をなくすことで、働き、幸せをつかみとろうともがく人間が、その力を最大限発揮できる世界を作るべきだと思います。

AI化がすすむと人間の雇用がうばわれる、だからベーシックインカムを導入しよう、という議論を紹介しました。こうした議論のはじまりは、アメリカで今後10年から20年のあいだに労働人口の47％が機械に置きかわる、とセンセーショナルに論じたフレイ＆オズボーン論文でした。

でも、この議論は、もはや過去のものです。経済学者の岩本晃一さんは、機械では取ってかわることのできない高度な仕事を人間がうけおうので、全体の雇用量は変わらない、ないしは、増えさえすると見るのが国際的な常識だと説明しています。オズボーンさん自身、あたらしく生まれる雇用の可能性を考えていなかったことを認めたとも言います。

人工知能学会の山田誠二元会長の批判も痛烈です。山田さんは、ＡＩが雇用をうばうという議論を「噴飯もの」だといきどおり、何十億年もかけて私たちが手にした合理性を数十年で機械が乗りこえるという議論への不快感をあらわしました。ＡＩ化がすすむと人間の雇用がうばわれるという議論は、人類への敬意を失った議論だということです。

僕は、「共にある」という感覚をどのように育んでいくのかという問題提起をしました。それが多様性や自由の条件だ、と言いました。

これは、まさに社会観とかかわる、大事な問題です。

ベーシックインカムやＭＭＴはひとつの考えかたです。でも、これらの理論では、いまの日本社会を変えられません。お金をあげるから、あとは自分たちで自由に生きてねという主張は、序章で問題にした自己責任の社会をそのまま前提にしているからです。自己責任をもとめる社会のなかで、共にあるという感覚を作っていくことなど、とうてい不可能なのではないでしょうか。

経済成長に依存し続ける政治

以上の限界は日本政治の限界でもあります。

岸田文雄政権では所得減税と低所得層への給付をおこなうことが決定されました。ここでもまた、成長に依存することをやめられない思考の限界が明らかになっていますよね。インフレで暮らしに困っているからお金をあげる、ということですから。

経済学の常識でいえば、物価があがっているときには財政を引き締めます。昔なら増税するところです。ですが、私たちの指導者は減税を選んだわけです。

お金がもどってくればだれだってその一部を使いたくなるものですよね。ですが、そうすればまた物価はあがりますから、あらたな減税、あらたな給付が必要になるかもしれません。もしそうなれば、インフレの悪循環が生まれることになってしまいます。

物価上昇の原因のひとつは円安です。円安の背後には、先進国のなかで日本だけ金利をあげられなかったきびしい現実があります。

なぜ日本銀行は利あげに腰がひけたのでしょうか。それは、多額の国債を民間の銀行から買いとり、銀行が日銀に持っている口座のなかに550兆円におよぶ預金が生まれたからです。1％の利あげで5・5兆円の利ばらいがいりますから、日銀にとって利あげは冷や汗ものです。

このようにたくさんの借金が理由で身動きが取れなくなるなか、政府はさらに減税や給付を繰りかえそうとしている。この現実をみなさんはどう考えますか？

オイルショックによる物価高、その後遺症である不況、国際収支の赤字の三重苦にイギリスが苦しめられていた1976年のことです。ときの首相ジェームズ・キャラハンはこのように述べました。

「私たちはかつて、減税と政府支出の拡大によって不況を脱し、雇用を増やせると考えていました。包みかくさずに話しましょう。そのような選択肢はもはや存在しないのです。

存在したとしても、戦後、そのたびごとに大変なインフレを引きおこし、より高い失業率をもたらすことでしか機能してこなかったのです」

この50年近く前の言葉を私たちはかみしめるべきです。物価高への対策が減税ではあまりにも進歩がなさすぎます。

野党も野党です。出てくるのは消費減税の大合唱。インフレへの本質的な対策にはなっていません。ここでもまた、成長に依存した思考のもと、あなたにお金を返してあげるから投票してね、という昔ながらの発想にしばられてしまっています。

支持率何%でしたっけ?

あたらしい政策、あたらしい社会のために税を使いこなす、そんなしたたかな政治はいつになったらあらわれるのでしょうか。僕は日本の政治家を支配する「増税恐怖症」をとても残念に思っています。

そんな病を治すための最後の処方せんを書いておきましょう。

2019年に消費税率が引きあげられたとき、朝日新聞の世論調査で興味ぶかい結果が出ました。実施前と実施後で調査がおこなわれていますが、実施前は賛成が39％、反対が54％、自民党支持層にかぎっても両者はほぼ同じという数字でした。

ところが、実施後の調査では、納得しているが54％で、納得していないの40％を大きく上まわり、自民党支持層にいたっては、納得しているの74％が納得していないの22％を大きく引きはなしました。

数字にはさまざまな解釈の余地があります。でも、消費税にきびしい朝日新聞の調査で、増税実施後に国民の5割以上が納得していると答えたことは、同年に実施された参議院選挙で、増税を訴えた与党が勝った事実とピッタリ重なります。

この予想外の反応のひとつの理由は、幼保無償化や低所得層の大学無償化という見かえりがあったからではないでしょうか。

岸田政権では異次元の少子化対策が取りざたされましたが、その財源についての世論調査もおもしろいものでした。

JNNの調査では「少子化対策の財源として消費税率を引き上げることについて」賛成が22％、反対が71％でした。圧倒的に反対が多いことがわかります。一方、FNNの調査では「少子化対策のために国民の負担が増えても仕方がない」という問いにたいして、賛成が48％、反対が48・9％でほぼ同じ割合でした。

このちがいはどこから来たのでしょう。

じつは、ふたつめの調査では、その前段で異次元の少子化対策で子ども関連予算を倍増することについて聞き、82・5％の人たちが賛成と答えていました。そのあとに財源の話をするたくみな順番が結果に影響したのではないでしょうか。

以上の事実はふたつの可能性を私たちに示してくれています。

ひとつは聞きかたひとつで結果が変わるのであれば、増税の実現可能性は、政治家の言葉の説得力にかかっているのではないか、ということ。もうひとつは、仮に聞きかたが上手ではなくても、少なくとも2割の人たちは賛成してくれている、ということです。

自民党をのぞいて、2割の支持率をえている党はなく、それどころかすべての政党で1割にも届いていないのが現実です。そうであれば、堂々と財源の議論をする政党がひとつくらいあってもよいはずなのです。

ここで僕の議論をもう一度思いだしてください。僕は子ども向けの支出にくわえて、医療や介護の自己負担の軽減、大学無償化の適用範囲の拡大、住宅手当の創設などを提案しました。受益者を子育て世代にしぼらないこれらの政策が示されていたら、「賛成だ！」と答えた人はもっと増えたのではないでしょうか。

これって増税なのだろうか？

語る力、説得する力は、本当に大切だと思います。だからこそ、もう一歩踏みこんで、みなさんに伝えておきたいことがあります。僕はここまでの説明のなかで増税を語ってきました。でも、よく考えてみると、これはおかしな話なのです。

なぜなら、６%強の消費増税がライフセキュリティに使われるかぎりは、はらったお金が全部みなさんの手にもどってきているはずだからです。

医療費がタダになったとしましょう。現役世代のみなさんは病院に3割の自己負担をはらっていますよね。それを自己責任で、自分の貯金ではらうのがいまの日本社会だとすれば、税ではらい、政府が病院にお金をわたすのが《ライフセキュリティの社会》です。

大学の授業料も同じです。自己責任で大学にはらうのか、税をはらい、政府が大学にお金をはらうのか、のちがいです。お金のルートがちがうだけ、自己負担なのか、公的負担なのかがちがうだけで、みなさんの負担は変わっていないのです。

ただし、社会のありかたはまったく変わりますよね。いまの日本社会はお金を貯められる人、はらえる人だけが幸せになります。しかも、未来のことがわからないみなさんは、将来のために必要以上のお金を貯めねばならず、消費もおさえられてしまっています。《ライフセキュリティの社会》は、だれもが幸せになります。しかも、税をはらったあとのお金は自由に使えます。子どもの大学の授業料がタダになったとすれば、次の日からみなさんはお金を銀行からおろして、おいしいものを食べにいくかもしれません。

私たちは財源論から逃げるべきではないのです。人類が命がけで手にしてきた税のかけかた、使いみちを自分たちで決める権利、この大切な権利を使いこなすことこそが現代を生きる私たちにもとめられる知性のありかただと僕は思います。

税をよりどころにして対話をかさね、政府の行動をチェックし、みんなの幸せのありかたを考え、痛みを分かちあう――この積みかさねの先に、子どもたちが生まれてきた価値、生きていく価値のある社会があります。

人類の歴史が証明するように、税金というしくみが悪なのではない。政治家には覚悟をもって発言してほしい。語るべき言葉をもってほしい。私たちもまた、税を使いこなし、保障しあう、満たしあう領域を作ることの大切さについて語りあうべきだ。

みなさんは、僕のかかげた理想をどうお感じでしょうか。きっと反論があるのではないでしょうか。いいんです。大いに批判してください。社会観と社会観のぶつかりあい、それこそがいまの日本の政治にもっとも欠けているものなのですから。

第四章

ソーシャルワーク
～真のライフセキュリティをめざして

残された大きな問い

もしみなさんの頭のなかに僕への批判が浮かんだとすれば、こんなにうれしいことはありません。ですがその前に、学者である僕には、自分自身の議論の限界を明らかにし、それをみなさんに伝えておく責任があります。

僕なりにきたるべき日本社会の姿をえがいてきましたが、じつは先送りになっていた大切な問題があるんです。それは、第二章の106ページで指摘した、「サービスを給付すれば、それだけで本当に人間は幸せになれるのか」という問いです。

社会を変えるためには、政治を動かさないといけません。では、選挙権を与えれば、政治は自然とよりよい方向に変わるでしょうか。

そんなことはありませんよね。そのためには教育の質を高め、自分で考え、判断し、選ぶための能力を育てなければなりません。僕が、社会を語ろう、社会の変えかたを考えようとみなさんに訴え、その具体的な提案をしてきたことじたい、選挙権という権利の「先」にある問題を考えていることのあらわれです。

じゃあ、たとえば大学を無償化すれば、こうした能力がきたえられるでしょうか。

ここでも問題に突きあたります。みなさんは「文化資本」という言葉を聞いたことがありますか？　社会学者ピエール・ブルデューのつくった言葉です。文化資本とは、お金、つまり経済的な資本ではなくて、学歴や文化的な素養といった人的な資本のことをさしています。

文化資本の低い家庭があり、親は教育を軽んじて、「大学なんて意味はない、社会に出ても役に立たない」と子どもに語っていたとしましょう。大学批判を聞かされ続けた子どもが、タダになったからといって、進学の道を選ぶでしょうか。おそらく選ばないですよね。これこそが、権利保障を無効にしてしまう、「文化資本格差」の問題です。

これらは、経済学者アマルティア・センが示した理論的な問題でもあります。人間にさまざまなサービスを提供したとします。サービスを与えればおしまい、ではなくて、それらのサービスから生じるメリットを組みあわせて、自分自身の目的や目標を達成する自由や能力をその人がもっているかどうか、ここが問題になるわけです。

これから説明するように、サービスを無償化していけば、貧しくてそれらのサービスを使えなかった人たちの暮らしの質はまちがいなく高まります。
でも、人間が安心して生きていくためには、その先の問題があることもまた事実です。その意味で、この残された問いは、これまでに示してきたライフセキュリティの限界を示すもの、僕自身へのもっとも本質的な自己批判にほかならないのです。

自由の条件

哲学者ハンナ・アーレントは、1958年と1961年にそれぞれ公刊された『人間の条件』と『過去と未来の間』という著作のなかで、次のように述べています。少し長くなりますが、とても重要な指摘なので引用しておきましょう。

「栄養を与える男の労働と生を与える女の労働とは、生命が同じように必要とするものであった。したがって、家族という自然共同体は必要［必然］から生まれたものであり、その中で行われるすべての行動は、必然［必要］によって支配される（中略）逆にいえば、貧困あるいは不健康であることは、肉体的必然に従属することを意味し、これに加えて、奴隷であることは、人工の暴力に従属することを意味した」

「自由であるためには、人は、生命の必要から自ら自身を解放していなければならない。しかし、自由であるという状態は解放の作用から自動的に帰結するものではない。自由は、たんなる解放に加えて、同じ状態にいる他者と共にあることを必要とし、さらに、他者と出会うための共通の公的空間、いいかえれば、自由人誰もが言葉と行いによって立ち現われうる政治的に組織された世界を必要とした」

言わんとしているのは、こういうことです。男と女が働くのは、生きるために必要だからであり、家族もまた、この必要を満たすために生まれた。貧しさが問題なのは、肉体的な必要に人間が支配されてしまう点にある。だから、人間が自由でいるためには、この生きるための必要から解放されなければならない……。

僕が、《ライフセキュリティの社会》のなかで、ベーシックサービスと品位ある最低保障を柱にすえたのはこの問題意識からでした。生存、生活のための必要を満たすことが人間を自由へとみちびく、という僕の議論のモチーフは、まさにここにあります。

ちょっとだけ考えてみてください。長時間労働やサービス残業など、ふつうに考えれば非人間的で、受けいれられるはずもないような状況に、なぜ人間は屈してしまうのでしょうか。それは、生きるため、暮らすための必要から解放されていないからですよね。生きるためには食料や衣類や住居、医療や介護が必要です。それらを手にするためには、いつの時代であれ、汗をかかなければなりませんでした。でなければ、死ぬしかないかもしれません。この緊張感があったから、人間は奴隷のような状況に追いこまれ、それを受けいれてきた悲しい歴史があるわけです。

僕はライフセキュリティをつうじて、生きていく、暮らしていくための必要から人間を解きはなちたいと考えました。それこそが、人間が自由に生きるうえで欠くことのできない条件だ、と考えました。

しかし、アーレントはこのなかでもうひとつ、大切なことを言っています。それは、「生きるための必要から人間が解放されたとしても、そのことがそのまま人間の自由を生み出すわけではない」、ということです。

人間が自由になるためには、また別の条件がいるとアーレントは言っています。つまり、「同じ状態にある他者とともにあり、その他者と出会うための公共空間が存在していること」がもとめられる、というのです。

ベーシックサービスと品位ある最低保障、このふたつによって、私たちは、生きる、暮らすための必要から解放されます。自由の条件のひとつを手にすることができます。でも、それだけでは、人間の自由は確保されないかもしれない。このアーレントの問いかけは、ずっと僕の心のなかで引っかかり続けていました。

母と叔母の不可解な行動

僕があらためて自由の条件を考えるきっかけとなったできごとをお話ししましょう。

告白します。僕は大学院時代のことをあまりおぼえていません。というのも、母と叔母の借金がいよいよ深刻になり、その返済のために心身ともに余裕のある生活ができなかったからです。アルバイトをしてお金をかせぎ、時間があれば酒びたりになる、そんなすさんだ毎日を送っていました。

ただ、僕の貯めたお金にくわえ、父のちがう姉の協力もあって、結果的に借金は完済できました。さらに姉夫婦は、家を建てて母と叔母を引きとり、僕もまた20年以上ものあいだ、毎月欠かさずふたりに仕送りを続けました。

正直に言います。こんな親孝行な子どもたちはいないと僕は思っていました。母は脳が小さくなる病におかされ、叔母にも認知症の症状がでていました。ですが、お金の心配をすることなく姉夫婦といっしょにいられるのですから、ひとまずは安心していました。

だけど、ふたりには、どうしても理解できない不可解な行動がありました。

母は昔からコーヒーが大好きだったのですが、一杯400円のコーヒーを飲むために、往復3000円かけてタクシーで喫茶店にかよっていました。どこにでもあるごくふつうの喫茶店なのに、タクシーでわざわざそこまでかよっていたのです。

叔母は叔母で午前中に自転車で出かけていき、そのまま夕方まで家にもどってこない日が月に何度もありました。80歳になろうというのに自転車で遠出し、そのまま帰ってこないのです。

これらは、ふたりが病におかされるずっと前から続いていた話で、僕としては心配でしかたありませんでした。仕送りのお金をどう使おうと母の自由です。叔母も、体がもつのなら、多少遠出をしても元気な印と笑ってすませるべきだったかもしれません。

でも、タクシーでコーヒーを飲みにいくのは、やっぱりやりすぎな気がしますし、自転車が事故に巻きこまれてからでは遅いですよね。僕は何度もふたりにお説教しました。でも、行動はまったく変わりませんでした。

愛する人を亡くす悲しみ、そして気づき

悲しい知らせは突然やってきました。2019年5月、僕たち家族はアメリカのサンタバーバラに長期滞在していました。夜、自室で仕事をしていた僕のところに連れあいが飛びこんできて、真っ青な顔でさけぶように言いました。

「英策さん！　お母さまと叔母さまが火事にあわれたって！」

言葉を失いました。叔母は即死でした。母は何度か意識を取りもどしましたが、次の日に叔母を追いかけるように亡くなりました。

母は、病気のせいで、聞こえにくい、話しにくい、歩きにくいという状況でした。一方、叔母のほうは、認知症の症状はありましたが、体はとても元気でしたから、自分だけ逃げようと思えば、逃げられたはずでした。しかし最期まで叔母は母を助けようとしました。

火元から数メートルはなれたところでふたりは力尽きていました。母は、叔母に引きず

られ、生涯の戦場だったキッチンにもたれかかるようにして意識を失っていました。叔母は、そのすぐそばで、あおむけになって絶命していました。

この悲しい事件が起きてからしばらく、僕は数少ない思い出を一つひとつすくいあげるように、ふたりの命の意味について考えていました。

炎から逃げず、母の命を助けようとした叔母。それは家族の一員である僕にとって十分にほこらしい最期でした。でも同時に、僕は、運命をともにしなければならなかった叔母の生きかたを考えざるをえませんでした。悩みの森をさまようような毎日でしたが、ある友人とのふとした会話がふたりの不可解な行動の意味に気づかせてくれました。

姉夫婦は、毎日のように借金取りに押しかけられる母と叔母を不びんに思い、ふたりが住んでいたところから何キロもはなれた田舎の小さな町に家を建てました。

もちろん借金とりはゆるしてくれません。彼らはあたらしい引っ越し先にまで取りたてにきました。十何件という闇金融の取りたてが毎日やってきたのです。どなり声を聞かされていたご近所さんは気が気でなかったはずです。だからでしょう。母と叔母は近所の人たちとの付きあいをもてなくなりました。

僕には、姉夫婦の同居は親孝行に見えていました。ですが、決して口にはしなかったもののの、ふたりからすれば、生活の場を子どもたちに変えられたうえ、地域社会のなかで「孤立」していたわけです。やっと、僕は、遠くはなれた街にタクシーで、自転車で、友に会うためだけに出かけていたふたりの気持ちに気づきました。

それだけじゃありません。母の耳が遠くなれば、叔母は話し相手をなくします。だから叔母に認知症の症状があらわれ、急速に病がすすんでいったのです。ふたりはふたりぼっちで生きていたのでした。

叔母の死は美談でもなんでもありませんでした。84年の人生の大部分をともに生きてきた、運命共同体であった母との別れなど想像もできなかったことが僕にはわかります。彼女には「ひとりで生き残る」という選択肢などはじめからなかったのです。

借金を返してあげたおかげで、暮らしはすっかりおだやかになりました。でも、ふたりは、孤独に押しつぶされそうになりながら生きていたのでした。

それは悲劇なのか？　それとも社会問題なのか？

どうでしょうか。この悲しい物語が頭からはなれないからこそ、アーレントが指摘した「自由の条件」の意味がはげしく僕の心をゆさぶるのです。

まず、ふたりの死は、ベーシックサービスと品位ある最低保障のふたつの政策が、まちがいなく価値を持つことを僕に教えてくれました。

母と叔母にとって、最大の不幸は、炎がふたりをおそったとき、姉夫婦が家にいなかったことでした。姉は定年をむかえたのですが、子どもがおらず、老後の暮らしが不安だったことから、その後も非正規雇用で働きに出ていました。

みなさんに考えてもらいたいことがあります。この悲劇は、火の不始末を起こすような人間をほったらかしにした僕たちへの罰なのでしょうか。

姉夫婦が日中働きに出てますと、一日の大半は、母と叔母、ふたりきりになります。今回、そんな状況のなかで、火の不始末が起き、悲劇が生まれました。

僕は神奈川県に住んでいますが、そもそもそれがまちがいで、仕事などほっぽりだして、ふたりの住む街で同居すべきだったのでしょうか。あるいは、姉は貧しさに甘んじてでも、母と叔母のそばにいるべきだったのでしょうか。

そんな選択をしなかった私たちへの罰なのだから、母と叔母の死はしかたのないこと、自己責任だ、と言われるのなら、批判は甘んじて受けます。でも、もし同じ悲劇が別のだれかに起きたとするなら、僕自身の生きかた、人間観にのっとって、絶対にそんな批判はしないでしょう。できないでしょう。

近年、高齢者の働く割合が高まっています。働きたくて働くぶんにはなんの問題もありません。それはその人の自由です。でも、日経ビジネスのアンケート調査を見てみると、働く理由の1位は、現在の生活資金、2位は将来の生活資金になっています。

しかも、それを見すかすように企業はコストをカットし、回答者の5割以上は給与がさがったと答えています。つまり、歳をとっても、給料をさげられても、将来への不安から仕事を続けなければならない人たちが大勢いるということです。

姉が働いた理由もまったく同じでした。僕はそう思いませんが、仮に姉に母や叔母の面倒を見る責任があったとしても、その責任を果たせる条件がそもそも存在していなかったのです。

僕は、この悲劇は「社会問題」のあらわれだったと思います。責任を逃れたいのではありません。みなさんに伝えたいのです。自己責任が行きすぎてしまえば、私たちは死ぬまで働くしかありません。子どもに頼るしかありません。僕の悲しみはまれに見る不幸なのではありません。いつでもどこでも起こりうる、《ありふれた悲劇》なのです。

どうかこのことを忘れないでください。

人間が人間らしく生きられる社会

だからこそ、僕はベーシックサービスの正しさを確信しているのです。そして、悲劇がふつうに起きるみじめな社会を終わらせたい、そう心から思うのです。

もし、老後の医療や介護の心配をしなくていい社会ができていたとしたらどうでしょう。姉は働きにいかなかったかもしれません。そして、火事が起きたとすれば、その異変に気づき、ふたりを助けることができたかもしれません。

私たちは、老後だけではなく、一生をつうじて不安のない社会を作るべきではないのでしょうか。そうすれば、不安にうばわれるであろう途方もないエネルギーを、子どものため、社会のため、そして自分のために費やすことができるようになるはずです。

でも、ベーシックサービスには、もっと本質的な意味があります。

もうひとつだけ、悲しい告白をさせてください。

僕は、脳内出血で倒れたとき、「自分が死んだほうが家族は幸せになれる」と思って泣いたという話を序章でしましたよね。死ねば保険金がおり、生きれば家も子どもの未来もうばわれる、そんな社会は理不尽だ、と言ったのをおぼえていますか？

この涙は、社会の一員としてそんな状況をつくった自分への怒りの涙でした。

数年前のことです。病におかされた母が、ほほえみながら、ボーッと遠くを見つめていたことがありました。当時、子どもが3人いた僕は、その母の表情を見ておそろしくなりました。母と叔母が100歳まで生きて施設に入居する費用がかかったとしたら、いったいどうすればいいんだろう。正直、ゾッとしました。

悲劇としか言いようのない最期をむかえたふたり。そしていま、僕はあのときの母の表情を思いだします。邪気のない、天使のような、とてもかわいらしいあの笑顔を。

この気持ちがわかりますか?

生きていれば金を吸いとる悪魔に見え、死んでしまえばただただかわいらしい天使のように見える——同じ人なのに、愛すべき人なのに、生きているだけで、その人は「費用」とみなされ、精神的・物理的な「負担」に変わってしまうのです。

こんな社会は異常です。だから僕は語るのです。ベーシックサービスは、サービスをタダにするだけの政策ではありません。人間が人間らしく生きられる社会を作るうえで、歴史的に根拠を持ち、実現することのできる「切り札」なのです。

だれだって、愛する人が生きていることをよろこびと思える、当たり前の社会にしたいはずです。だから、僕は、そんな一人ひとりの願いをつむいで社会を編みかえたいのです。よろこびと痛みを分かちあいながら、この世の中を生きる仲間たちの幸せと、自分自身の幸せとを調和させる、人間の顔をした社会を子どもたちに残したいのです。

そんなのきれいごとだ、と怒られるかもしれません。

そうかもしれません。ですが、きれいごとにしか聞こえなくても、僕は自分の人間観、社会観にしたがって、学者として限界まで論理的にものごとを考えてきました。その結果がきれいごとであるなら、ひとりの学者として全力できれいごとを語りぬきたいのです。

いま僕の感じている痛みと苦しみは、僕かぎりで終わりにせねばなりません。大人の健やかな命が子どもの苦しみを生む社会など、絶対に終わらせなければならないのです。

生きること　それは「人と人の間にいる」こと

だけど、この決意は、答えの半分しか示せていません。必要からの人間の解放は、人間が自由に生きるための条件のひとつでしかないかもしれないのですから。

母と叔母がお金の心配をせずに医療や介護のサービスを受けられるようになる。

姉夫婦が老後の心配から解放され、母と叔母の命のそばにいられるようになる。

愛する人たちが生きることをまわりの人たちが祝福できる。

ライフセキュリティによってそんな社会がやってきても、母と叔母が地域社会のなかで「孤立」していたという問題は、なんにも解消されていません。第二章で指摘した「社会生活への参加」という人間の基本的なニーズが満たされずにいたのです。

アーレントは、『人間の条件』のなかで、こう言っています。古代ローマでは「人と人の間にいること」すなわち「人間であること」を「生きる」ことと同じ意味で使っていた、そして、「人と人の間にいることをやめること」は、「人間をやめる」ことであり、「死ぬ」ことを意味した、と。

母や叔母は、お金の面では苦労していませんでした。ケアマネさん、ヘルパーさん、みなさんのおかげですばらしい介護サービスを受けていました。

しかし、友人やご近所さんといったまわりの人たちとの関係から切りはなされていたふたりは、古代ローマの発想からすれば社会的に死んでいました。

そうなのです。私たちは、物理的に生き、同時に社会的にも生きています。であれば、社会的という、もうひとつの命のありようを語れない「社会構想」など、仏つくって魂入れず、表面的な、うわべだけの提案でしかありません。

だれにでも起こりうる悲劇をなくすために必要な条件はなんなのでしょう。私たちは《真のライフセキュリティ》へと議論をすすめていかねばならないのです。

みなさんはソーシャルワークを知っていますか？

多様な価値を尊重しあえるためには、保障しあう領域が重要だ、自分の力だけで生きていく「自己責任」の領域にくわえて、生きる、暮らすための必要を満たしあう「共にある」領域をつくっていこう、僕はこう語ってきました。

では、基礎的な保障がおこなわれたあと、個別の人間がかかえている生きづらさや息苦しさはどのように改善されればよいのでしょう。それは個人の困りごと、個人のニーズだからって、それをすべて当人まかせにしていてよいのでしょうか。

この重要な問いにたいする答えのひとつが《ソーシャルワーク》です。

耳慣れない言葉かもしれませんね。せまい意味で言うと、社会福祉士や精神保健福祉士といった資格をもつ人たちのことをソーシャルワーカーと呼びます。ですが、国際的な定義では、次のような条件が示されています。

(1) 実践をベースとした専門職、学問分野であり

(2) 地域や民族に固有の知からなる理論を土台に暮らしの課題に取りくみ

(3)　ウェルビーイングを高めるべく、人びとやさまざまな構造に働きかける

以上にあるように、ソーシャルワークは、実践と学問を結びつけながら、心身ともに満たされた状態を作るために人びとやさまざまな構造に働きかける仕事です。

注意してください。医療や介護のサービスを提供するための仕事、サービスプロバイダーではありません。体を健康にする、身体的な機能を補助する、ではなく、その人がかかえている生きづらさを改善するために、周囲の人たちや、問題の背景にまでアプローチする仕事です。

同じ視点は、WHOの憲章にも出てきます。そこでは、「健康とは、病気ではないとか、弱っていないということではなく、肉体的にも、精神的にも、そして社会的にも、すべてが満たされた状態にあること」と定義されています。

たんに介護の必要な状態や病気の状態から抜けだすだけではなくて、精神的、社会的にも健康な状態が保たれてはじめて、人びとの権利は守られます。この発想からすれば、僕の母と叔母は、社会的に見て「不健康」な状態でしたし、その解消こそソーシャルワークの課題だった、ということになります。

親のネグレクトと子どもの不登校、だれの責任か？

では、ソーシャルワーク／ソーシャルワーカーは、どのようにそれぞれのニーズを満たしていくのでしょうか。簡単な事例で説明しましょう。

ひとり親家庭の子どもが、不登校に苦しんでいて、この子の家庭では、親のネグレクトが疑われているとしましょう。これは、義務教育というベーシックサービスは与えられていても、そこにアクセスできない子どもの困りごとです。

こうした問題に対応すべく、現在の小中学校には、スクールカウンセラーの配置がすすめられています。ただ、数は少なく、ほとんどが非常勤です。内容も十分なものではなく、週に1、2回出勤するカウンセラーが子どもと面談し、状況を把握しながらアドバイスをする、というのが一般的なケースだと言われています。

こうしたカウンセリング業務はとても重要なものです。ですが、相手の話を聞き、アドバイスするだけで子どもの不登校がなくなるのか、と問われるならば、答えにつまってしまいます。

というよりも、人的にも、時間的にも大きな制約のあるカウンセラーにそこまで期待するのは気の毒だろう、というのが僕の率直な感想です。

今回のケースで不登校問題を改善しようと思えば、まず、親のネグレクトが子どもの不登校の原因かどうかを突きとめねばなりません。

ここではそれが原因だったとしましょう。であれば、子どもの生活環境、家庭のなかにアプローチし、親のネグレクトを解消しないと状況は改善しないことになります。ところが、日常の仕事に追われている学校の先生、あるいは心理的な相談が専門のカウンセラーが家庭のなかに入りこむのは、とてもむつかしいことです。

ネグレクトと言っても、栄養面、衣服面、衛生面といった身体的なケースから、対話の欠如、他人に迷惑をかける行為や子どもにとって危険な状況の放置といった、精神的、環境的ケースにいたるまで、内容はさまざまです。これらを特定するだけでも、かなり高い能力がもとめられることでしょう。

幸い、学校の現場で、これらのケースが特定されたとしましょう。教科書どおりに言えば、先生たちは児童相談所（児相）との連携が必要になりますが、児相への相談件数のうち、学校からの相談割合は1割にも満たないというデータがあります。

繰りかえしますが、教育に多大なエネルギーを割かれる学校の先生、あるいは非常勤のスクールカウンセラーが児相と持続的な関係をもつのはとても大変なことなのです。

問題は続きます。ここまでのハードルを乗りこえて、いよいよ、親のどんな状況がネグレクトを生んでいるのかを見きわめていかなければなりません。

貧しさ、仕事のストレスや会社の人間関係、親の介護の負担、パートナーとの不和、お金のトラブル、体や心の病気、ここでもまた数えきれない理由が浮かんできます。ときには、加害者である親自身が子どものときにネグレクトの被害者だったケースもありますし、親が自分の置かれた状況に苦しみ、助けをもとめているケースもたくさんあります。

これらのケースでも、児相や保健所、子ども家庭支援センターなどとの連携が欠かせません。でも、子どもはもちろんのこと、十分な情報をもたず、自分自身が生きることに苦しんでいる親たちが、こうした施設にアプローチするのは大変なことです。学校側からしても、そこまでの対応は、教育機関の仕事の範囲をこえていると考えるでしょう。

こうして、この家庭は、地域のなかで「孤立」することになっていくわけです。

いかがでしょうか？　一人ひとりの困りごとは多様であり、その困りごとの背景には無数の要因、可能性が存在していることがおわかりいただけたでしょうか。「どこかの機関のだれかが責任をもつ」というアプローチではとうてい問題は解決できないのです。問題を解きほぐし、課題を特定し、その解決に必要な組織や制度に子どもや親をつないでいく「接着剤」のような役割を果たす人たちが欠かせません。その仕事がソーシャルワークであり、その担い手がソーシャルワーカーなのです。

身近を革命する人たち

ソーシャルワーク。また「社会」の登場です。この本ほど、社会という言葉をあちこちで使う本はめずらしいかもしれませんね。

本当は、社会という言葉は、おっかない言葉なんです。国家という表現をさけ、責任の所在をあいまいにし、全体への献身をもとめる言葉として、社会という語はしばしば利用されてきました。最後の章では戦前の「社会連帯」についてお話しします。この考えかたは、結局、ファシズム国家へとつながっていった苦い経験を私たちは持っています。

ですが、そのおっかなさを承知のうえで、僕は、よりよい社会の構想をしたいと思ってこの本を書きました。そして、ソーシャルワークは、社会の見えかたを変えてくれるという意味で、とても大切な視点です。

少し言葉を整理したいと思います。

社会は本当にいろいろな意味で使われます。「個人」にたいして、個人の集合をさして「社会」と呼ぶことがあります。あるいは、強制力をもつ「国」にたいして、そうした強制力をもたない、国以外の存在を「社会」とよぶこともあります。

さまざまな使われかたがあるのですが、ここではふたつの意味に注目しましょう。

ひとつは、個人に解消できない、共有された価値をさす場合です。個人的な価値、社会的な価値といった場合、後者ではたんなる個人の集合としてではなく、個人とはちがう、関係の束として「社会なるもの」が存在することを前提にしています。つまり、個人には分解できない、社会的な何か、があるということです。

もうひとつは、「経済的な領域」にたいして、家族や共同体のようなボランタリーな領域をさして「社会的な領域」と呼ぶような場合です。この場合、物的な、お金もうけの欲求よりも、精神的な、人と人との関係が追求されます。市場のように外にむかってひらかれるというより、プライベートな閉じられた空間をさすのが一般的です。

僕はなぜ、「社会」という言葉を細かくわけたのでしょう。それは、人間がいろんな「社会」に属しているということ、つまり、人間にはいろんな顔があるという大切な事実を浮きぼりにしたいからです。

ネグレクトをする親と不登校の子ども、ふたりにむかって、個人の集合としての「社会」とか、国とはことなる、強制性のない「社会」を語ったとして、何か意味をもつでしょうか。仮にそれが学問的、政治的に意味をもったとしても、です。

むしろ問題は、自分たちの暮らす地域や空間で共有されている価値や関係、「社会なるもの」からふたりが取りこぼされてしまっていること、もっともせまい「社会」である家族やプライベートな空間のなかに閉じこめられ、学校や地域といった他者とのかかわりをもてずに孤立してしまっていること、ではないでしょうか。

僕はこの本のなかで何度も「社会を変えよう」と訴えました。変えるべき「社会」にはいろんな顔があります。ベーシックサービスや品位ある最低保障によって、もっとも大きな意味での「社会」のかたちが変わります。

一方、不登校の子とその親、あるいは僕の母と叔母はちがう「社会問題」で苦しんでいました。これらの人びとが変えてほしかったのは、個人の集まりとしての巨大な社会でも、国以外の存在としての社会でもありません。

そう、「身近という名の社会」こそがすべてだったのです。当事者の置かれた不安定な状況を変え、まわりの人たちが気にかけあえる環境を作る仕事がソーシャルワークです。ですから、僕は、ソーシャルワーカーを《身近を革命する人たち》と定義するのです。

それは福祉ではなく、自治だ！

このように、ソーシャルワークにたいする僕の期待はとても大きなものです。でも、ひとつだけ悩ましい問題があります。それは、国際定義に示されている、「専門職」「学問分野」という位置づけです。

ソーシャルワーカーは専門職だ、という定義に文句を言いたいのではありません。

不登校のケースを見てみましょう。ソーシャルワーカーが学校に配置されたとします。

彼ら／彼女らは、カウンセラーのような精神的なケアとはことなる専門性を持っています。ときには福祉のソーシャルワーカーと連携しながら家庭の状況を確認し、行政や児相、子ども家庭支援センターなどとの連携をすすめ、親と子の置かれた状況を変えていきます。

以上のような《チームアプローチ》が大切なことはもちろんです。

ですが、ソーシャルワーカーが、一人ひとりの《身近を革命する人たち》だ、という見かたを大事にしたい僕からすれば、それを専門職や学問というせまい範囲のなかに押しこめてしまってよいのか、迷いがあります。

厚生労働省が推進してきた施策のひとつに「地域包括ケア」があります。地域包括ケアとは、「医療や介護が必要な状態になっても、可能な限り、住み慣れた地域でその有する能力に応じ自立した生活を続けることができるよう、医療・介護・予防・住まい・生活支援が包括的に確保される」というものです。

僕はこの方向性に賛成です。でも、「住み慣れた地域」で「自立した生活を続ける」というときに、医療や介護といったサービスが確保されるだけじゃダメなことは、みなさんもお気づきのはずです。

では、「住み慣れた地域」のなかで「自立した生活を続ける」というとき、この「自立した」という言葉には、どんな意味がこめられているのでしょうか。

それは、専門家としてのソーシャルワーカーが一人ひとりの生きづらさにアプローチすることで生まれる自立かもしれません。ですが、僕の母や叔母の苦しんでいた孤立からの解放、つまり「人と人の間にいる」という人間としての自立は、もっと心の内側の、ささやかなものだったような気がします。

想像してください。

「ここのおウチのおばあちゃんたちは立派なのよ。借金に苦しんだ時期もあったけどね、息子さんを大学にいかせるためにできた借金でね。でも、息子さんは、有名大学を出て、いまじゃあ慶應の教授。よくもまあ、ふたりでがんばったものよね」

こんなちょっとした言葉で、母や叔母を地域とつなぎあわせてくれる人がいてくれたら、ふたりの人生はまったくちがったものになったと思いませんか？

これは専門職の仕事というより、世話好きなだれかの趣味のレベルかもしれません。では、こうした活動は、ソーシャルワークにはふくまれないのでしょうか？　僕にはそう思えません。たがいにケアしあう（＝気にかけあう）ことのできる街にさえなれれば、身近を革命することはだれにだってできるはずです。

これはまったくあたらしい話ではありません。ようは《自治》の話です。自治という視点から見れば、ふたりの孤立は、福祉、災害、教育、環境、祭事など、さまざまな地域の課題のなかのひとつでしかありません。

この地域に眠っている、総合的な課題解決の力を育んでいくこと、その営みの全体こそが、自治であり、広い意味でのソーシャルワークではないのか、僕にはそんな気がしてならないのです。

ソーシャルワーカーとベーシックサービス

さらに議論を深めますと、自治は、専門職としてのソーシャルワーカーが上手に動くための条件にもなります。彼ら／彼女らが、教育や福祉の課題を本当に解決していこうとするのであれば、地域の人たちとの連携は不可欠だからです。

先の親と子の問題をもう一度考えてみてください。いくら専門的な教育を受けてきたソーシャルワーカーだったとしても、自分が生まれ育ったわけでもない場所で、地域の人たちのアシストなしに業務をおこなえるものでしょうか。

専門性があるからといって、家庭というプライベートな空間に、いきなりだれかが入りこめるわけはありません。自治会の会長さん、民生委員さんや児童委員さんなどの協力なしでは情報収集すらままならないかもしれません。人手不足で苦しんでいる児相や保健所だけじゃなく、NPOやPTAなどの地域組織との連携も欠かせないでしょう。

行政とのつながりも重要です。ソーシャルワーカーの活動が地域の人たち、自治体などの制度と結びつかざるをえないのであれば、コミュニティ政策を支えている部局が、積極的にソーシャルワーカーに情報を提供していくべきです。コミュニティ、福祉、教育の各部局が一体となってはじめて、ソーシャルワークは機能するのです。

こうした取りくみは、ときにソーシャルワーカーが地域を巻きこみ、ときに地域がソーシャルワーカーを巻きこみながら、地域全体でソーシャルワークを実践していくダイナミックなプロセス、まさに自治の一部を形づくることとなります。

もちろん、これは、昔ながらの自治への回帰ではありえません。自治が原動力となる社会を思いえがいたとき、ふたつの「公的な責任」が浮かんできます。と言いますか、コミュニティが弱まった現代にあって、公的責任なき自治は、責任の丸投げでしかありません。

ひとつは、こうした自治の動きを支えるための財政の役割です。

僕は全国市長会のなかで「地方連帯税」を提案しました。この案は、名称を「協働地域社会税」と変えて報告書で採用されました。協働地域社会税とは、住民税なり、固定資産税なり、全国一律で課税をおこない、その財源を地域活動の拠点づくりやソーシャルワーカーの雇用に結びつけていく、というものです。

ちなみに、第三章では、ベーシックサービスの無償化のために、消費税を6%ちょっとあげる必要があると言いましたよね。この結果、医療扶助や教育扶助、介護扶助といった生活保護がいらなくなることを指摘しました。じつは、これで2兆円近い財源が節約できるんです。これを協働地域社会税に置きかえていけば、全体としての負担は増えません。

もうひとつは、ベーシックサービスの保障もまた、あたらしい社会の重要なピースになる、ということです。

これはすでに述べた、「定時に帰宅できる社会」とつながっています。

長時間労働やサービス残業から自由な社会では、平日の夜を家族との時間に使い、週末を趣味や地域での活動にあてることができます。彼ら／彼女らの社会参加があってこそ、自治の担い手作りがなりたちますし、その担い手作りは、生活保障の延長線上に位置づけられるのです。

「ベーシックサービス」「品位ある最低保障」「ソーシャルワーク」、これらが一体となってはじめて、《真のライフセキュリティ》は完成します。

それは、ベーシックサービスと品位ある最低保障による《ナショナルな連帯》、ソーシャルワークによる《ローカルな連帯》、そして財源問題をつうじた《世代間の連帯》、これらの重層的で、厚みのある連帯社会への道すじでもあるのです。

第五章（終章）

価値ある国を、自分たちの手で

私たちが立ちむかう相手はだれなのか？

いよいよ最後の章になりました。

僕は社会変革のシナリオについてお話ししてきました。提案の評価はみなさんにゆだねるしかありませんが、どう社会を構想するにしても、変えていくにしても、私たちの前に立ちはだかるのが「しょうがなくね？」というあきらめの空気、時代の雰囲気です。

僕たちは、最後にもう一度、この問題にもどらねばなりません。

あきらめるということ。それは言葉の定義上、後ろむきな態度です。ですが、言葉のニュアンスをやり玉にあげ、時代の雰囲気をくさすだけではいけません。あきらめることの意味を知る、あきらめることがどんな未来を生みだすのか想像する、これらの作業がなければ、そもそも変化への《意志》などめばえようがないからです。

この章ではコロナ禍での私たちの選択を振りかえります。日本社会の選択の光と影を追いかけながら、あたらしい社会を創造することの歴史的な意義を考えます。すべての章を読んでもなお、みなさんがあきらめるほうを選ぶとすれば、この本にはそれだけの価値しかなかったということ。それくらいの覚悟で話していこうと思います。

さあ最後です。はじめましょう。

新型コロナウイルス（以下、コロナ）が世界中の国ぐにをふるえあがらせ、オリンピックイヤーだったはずの２０２０年は、まったく別の意味で歴史にその名をとどめることになりました。

コロナが感染症法の五類に移行し、社会が落ちつきを取りもどすまでのあいだ、私たちは「コロナで日本社会が変わる」という内容の記事、投稿をしばしば見かけました。

僕はそれらの文章を、とても重たく、不安な気持ちで見ていました。

飲食・観戦・観光などの生活娯楽関連サービスの停滞、外出をひかえたことによる高齢者のフレイル（心身の活力の喪失）など、コロナによって生みだされた問題はたくさんありました。同時に、コロナによって見えるようになった、もともとあった問題に気づいた、という面もたくさんありました。医療体制のもろさ、失業したときのセーフティネット、住宅保障の不十分さなどはその最たるものでしょう。

コロナが生みだした問題であれば、その時どきの困りごとに対応する「応急処置」で良いでしょうし、コロナが落ちつけばその必要性も消えていきます。一方、以前からあった問題の場合はそう簡単にいきません。コロナの有無とは無関係に「抜本処置」がもとめられますし、その処方せんとして僕はこれまで社会変革の必要性を訴えてきました。

コロナの歴史的な意義は後者、つまり、日本社会の弱点、構造的な問題を私たちに気づかせてくれた点にあるのではないでしょうか。

もし、私たちが火事を発見して通報しなかったとすれば、それは犯罪に値する怠慢です。多くの命があっさりと危険にさらされる、パニックに弱い社会であることを知って、何もせずにほうっておくとすれば、私たちは歴史の加害者になり下がってしまいます。

コロナで日本が変わるのか——そのシンプルな問いは、問題を見きわめて状況を変えていく意志をこの社会が持てているのかを聞かれている、僕はずっとそう感じていました。

感染予防か？　経済か？

当初のコロナ対応を見ていてスッキリしないことがありました。それは、「感染者を減らすこと」と「経済を守ること」、これらの優先順位を、いつ、だれが、どこで話しあったのか、まったくわからなかったことです。

第一章でお話しした1998年の悲劇を思いだしてください。97年に起きたアジア通貨危機の影響は深刻で、輸出先だったアジア経済が急速にかたむき、98年には日本経済もマイナス成長を記録しました。完全失業者数はたった1年で60万人、ピークの2002年にかけてさらに80万人増えるなど、きびしい経済の時代がおとずれました。

そのときです。自殺者数が8000人以上も増えたのは。この悲しい過去を知っていた僕は、感染予防を優先して経済が立ちなおれなくなると、コロナで亡くなる人が仮に減っても、自殺者数は増えてしまうのではないか、と心配していました。

政府のねらいが死亡者数を最小にすることだとすれば、感染が理由であれ、自殺が理由であれ、全体の犠牲者数をどのようにコントロールするかが決定的に大事ですよね。

結論から言えば、僕の予想は50点でした。

近年、一貫して減ってきた自殺者数でしたが、コロナ以降、にわかに増大に転じました。クエンティン・バティスタらは、余命年数という観点から見た場合、コロナによる自殺で失われた年数は、コロナ感染によって失われた年数と同じくらいだったと分析しています。

これにたいして、感染者数は国際的に見ても相当な数にのぼりましたが、人口あたりの死亡者数がうまくコントロールされたことも事実でした。もちろん、死亡者の数が政策によるものか、国民性によるものか、という問題は残されますが……。

ただ、ここで僕がみなさんに聞きたいのは、感染予防と経済の安定、どちらを選ぶべきだったかではありません。全体の犠牲者の数を最小化するための選択肢を示し、どの政策を選ぶのか、国民的な合意を作るプロセスを私たちは大事にできたか、ということです。

合意のない見切り発車は、納得のいかない人たちの不満を生みます。不満の声に神経をとがらせなければならない政府は、そのとき、そのときの世論に振りまわされ、政策的に右往左往するでしょう。未来はだれにもわからないからこそ、結果だけでなく、どんな基準で、何をゴールに定めるのかという意思確認が大事になるはずなのです。

もちろん、突然の危機がおとずれたとき、のんびりと議論をたのしむ余裕はありません。それでも、政府内であれ、国民との対話であれ、市民どうしの会話であれ、私たちは、何を守り、何を変えるのかを考えることはできたはずです。さまざまな意見を方向づけるメディアの役割もむろん重要だったでしょう。

僕が考えたいのは、そんな国民の意識の問題なのです。

政府の「強硬な行動」への抗議

ここでスウェーデンに目をむけてみたいと思います。あらかじめ断っておきますが、ある国をほめたたえ、自分たちの国をその下に置いて政府を悪く言うのは、危険なやりかたです。それでは「批判のための批判」になってしまいます。

でも僕から見て、スウェーデン社会のコロナとの向きあいかたは、日本のそれと正反対のものでした。だから、あえてそれをみなさんに紹介することで、気づきと議論の手がかりにしたいと思います。

メディアでは、しばしば、スウェーデンのコロナ対策が取りあげられました。スウェーデンの対応が個性的だったのは、ロックダウン（都市封鎖など）をおこなわず、必要最小限しか市民生活を制限しなかったことです。

初期の段階で死者数が多かったことを念頭に、スウェーデン政府は集団免疫の獲得をめざしたけれど失敗に終わった、というネガティヴな論評をあちこちで見かけました。

そもそもの話ですが、スウェーデン政府は、集団免疫の獲得をめざしていません。

また、第一波が収束するまで、PCR陽性診断から30日以内の死亡は、直接死因でなくてもコロナ感染死として数えられ、死者数が過大にカウントされていました。

さらに言いますと、初期の死者数の増大は、介護施設の対応ミスが原因でした。ロックダウンをしなかったこととの関係はうすく、その問題もすみやかに修正されました。

メディアの論調は必ずしも正しくありませんでした。ですが、いまからみなさんと考えたいのは、スウェーデンのコロナ対策のよしあしではありません。彼らの動機です。

ペールエリック・ヘーグベリ駐日大使へのインタビュー記事を見てみましょう。大使は、死者が多かったことを率直に認めたうえで、こう述べています。

「スウェーデンは200年にわたる平和、安定と民主主義の国。個人の自由と責任によってこの社会を創造してきました。われわれは政府の強硬な行動を見たことがない。厳格に自由を守ってきたのです」

ロックダウンや学校閉鎖のような、移動や活動の自粛をもとめるうごきをさして、「政府の強硬な行動」と表現していることに注意してください。ひるがえって私たちは、この

「政府の強硬な行動」という視点をどのくらい持てていたでしょうか。

こうした問いは世界に向かっても投げかけられました。ストックホルムに拠点を持つ「民主主義・選挙支援国際研究所（International Institute for Democracy and Electoral Assistance）」は、500をこえる政治指導者やノーベル賞受賞者、著名人たちが署名した書簡を作成して、これを世界に公開しました。

ねらいは、市民の民主主義への関心を高め、結束を強めることでした。書簡では、世界の一部政府が新型コロナウイルスの流行を「権力支配の強化」に利用し、民主主義や市民の自由をむしばんでいると警告しました。

進行中のコロナの流行は「民主主義に対する地球規模の手ごわい挑戦」であり、「民主主義が脅威にさらされている。それを気にかける人びとは、民主主義を守るために意志や秩序、連帯を呼び起こさなければならない」、と。

私たちは何を守ろうとしたのか

人間の権利と自由を守る、国家の権力に緊張感を持つ、これらの視点があったからこそ、スウェーデンのコロナ対策では、「日常をできるだけ維持する」ことが追求されました。

どの先進国でも、学校閉鎖が問題となりましたよね。でも、15歳以下の感染率、死亡率がきわめて低いという科学的根拠をもとに、スウェーデンでは、子どもの生活のリズムや学ぶ権利を最優先にし、小中学校を閉鎖しませんでした。

では、日本が小中学校を閉鎖したとき、いかなる根拠にもとづいていたのでしょう。あるいは、感染予防の重要性と子どもの生活のリズム、学びの権利をどのくらい本気で比べたのでしょうか。これらはきちんと問いなおされるべき問題です。

ロックダウンをさけた背景についても同じことが言えます。

そもそも、スウェーデンの憲法には、「すべての人は公的機関による自由の剝奪から保護される。その他、スウェーデン市民である者には国内を移動し出国する自由も保障される」と明記されています。こうした法体系のもとでは、ロックダウンは人間の権利に反するものだと考えられましたから、当然、選ばれませんでした。

もう一点、あります。日本と同じく、スウェーデンも1990年代のはじめにバブル崩壊を経験しました。政府は、このときに失業した人たちの生活を追跡調査し、彼らの寿命が平均よりも短いという事実を突きとめていました。

なぜ短かったのでしょうか。それは、失業とともに外出の機会が減り、そのストレスが心の病やアルコール依存といった問題につながったからです。

ロックダウンがどのくらい続くのかは予測がむつかしいですよね。もし、長期の外出自粛がさけられなくなれば、かつて失業者たちがかかえた問題が再燃するかもしれません。経済が停滞し、失業者が増えても、同じ問題に苦しむことになるでしょう。

このように、ロックダウンは、憲法の規定にはばまれ、明確な科学的根拠にとぼしく、長期にわたる実施がむつかしいという理由でしりぞけられました。

スウェーデンでは、個々の政策の長期的なメリット・デメリットを考えながら、自由を守ることと、経済を守ることと、感染者を減らすことの重要性が比較されました。そして、「自由の保障」がまず選択され、これにともなって経済活動が維持され、その前提のもとで犠牲者の数を最小にすべく、「科学的根拠」にもとづいて選ばれたのが、「日常をできるだけ維持する」という方針でした。

こうした彼らの決断を見たとき、コロナによる死亡者の数だけで政策を選び、評価することの一面性を思わずにはいられません。ひかえめに言っても、感染死の数と同時に、経済死の可能性、長期的な影響を考え、比べなければ答えなど出るはずがないのですから。

迷走する政策

この点は大切なので、もう少していねいに議論しましょう。

結果で評価することは大事なことです。たとえば、日本では、厚生労働省のチームがいち早く「三密」の環境リスクの高さを見つけだし、政府がこれへの接近をさけるようにうながしました。国民もこの要請を受けいれ、忠実にその方針にしたがいました。

こうした対応が功を奏して、韓国、台湾、香港、ヴェトナムなどとならんで日本の死亡率が低かった事実は評価されるべき点だと思います。

一方、命を守るのは当然だとしても、スウェーデンのように、自分たちがどんな価値を守るのかを考え、その前提のなかで議論を尽くして感染者数、死者数を減らす努力をする、という道もありました。仮に死者数が増えても、です。

日本ではすぐれた方法が発見されました。スウェーデンでは守るべき価値が問われました。前者を否定する必要はありません。ですが、仮にすぐれた方法を見つけるとしても、そのことと守るべき価値を問うことは両立しうることをスウェーデンの例は示しています。だからです。日本では、いつ、どこで、だれが、感染予防と経済活動とを比較し、どのように決定にみちびかれたのかが気になったのでした。もっと言うならば、死者数をおさえるとして、それをどこまで絶対視すべきか、子どもたちの学びの機会を犠牲にする価値と比べられ、議論され、合意されたのか、が気になったのです。

感染予防の視点から「県境をこえた移動」をひかえるよう、政府はもとめました。これを「ゆるやかなロックダウン」と呼んでおきますと、これを決めた段階では、新型コロナウイルス感染症対策専門家会議のなかに経済の専門家はいませんでした。おまけにそこでの議事録も「自由な討議を保障する」という名目で非公開とされました。

小中学校の閉鎖もそうでした。いかなる科学的根拠にもとづき、どんな守るべき価値をもって、小中学校を休みにしようと決めたのか、僕にはわかりませんでした。あとになって、閉鎖が安倍晋三元首相の独断であったことを各紙が報じたとき、正直、おどろきをかくせませんでした。

守るべき価値、議論、合意がなければ、当然、政策はブレてしまいます。当初はゆるやかなロックダウンと学校閉鎖が実施されましたが、消費が停滞し、経済があぶなくなると、ふたたび議論も尽くさず、感染予防から経済活動へとウェイトが置きかえられました。

みなさんもおぼえているはずです。感染者数が急増し、第二波が心配されているのに緊急事態宣言はなかなか出ませんでした。それどころか、人びとの移動、つまり、旅行を後押しするGoToトラベル事業が続けられましたよね。

この政策の迷走は、評価軸のあいまいさ、合意のなさのあらわれではないでしょうか。結果を追いもとめすぎるから、責任追及をおそれ、政策を迷走させる政治。守るべき価値を大事にして、その範囲で最善を尽くし、結果を受けいれる政治。このちがいは記憶にとどめられるべきだ、と僕はいまあらためて思います。

自粛とはなんだったのか

以上は、ただ政府を批判してすむ問題ではありません。なぜなら僕自身もふくめ、受け手の側にも問われるべき責任があるからです。

私たちはコロナ対策のなかで積極的に「自粛」に協力しました。そもそも、この自粛という用語、おかしいと思いませんか？　自粛とは自分からすすんで、おこないや態度をあらためて、つつしむことです。この言葉を使う以上、定義のうえでは、政府は私たちに何も指図していないはずです。なぜなら「自分からすすんで」やるのが自粛ですから。

でも、小中学校の閉鎖であれ、ゆるやかなロックダウンであれ、お店の休業であれ、政府は私たちに「要請」をしました。要請なのですから、いやな人は無視すればいいはずですが、国民は要請された自粛という指示をたんたんと受けいれ、あたかもそれが国民の義務であるかのような空気すら生まれました。

言葉の意味だけでなく、現実においても、強い違和感がありました。

まず、自粛の名のもと、営業し、移動する人間の自由が当たり前のように制限されました。要請は違法か、という議論はありました。ただ、違法であれ、合法であれ、国民の受け止めかたは、けっしてほめられたものではありませんでした。

たとえば、休業要請にしたがわない自営業者は名前をさらされ、ネット上で、バッシングされました。パチンコ店やそこに並んだお客さんは、メディアに追いかけまわされました。あげくの果てに、「自粛警察」なるものもあらわれ、自粛しない人たちへの監視、密告、暴露が大っぴらにおこなわれました。

「公共の福祉」という言葉があります。これは、一方の権利が他方の権利を傷つけるときに、その矛盾を調整することを期待したものです。たとえば、今回のコロナ禍では、営業する権利と健康に生きる権利とがぶつかりあいました。営業する権利を守れば、感染が拡大し、私たちの健康が危機にさらされてしまいます。

公共の福祉という言葉には、権利と権利のぶつかりあいを調整することが期待されていたのであって、一方（営業する権利）を他方（健康に生きる権利）に従属させることが目的ではなかったはずです。

つまりこういうことです。営業自粛や時短営業を要請する、つまり営業する自由をゆるやかにであれ、国家が制約せざるをえないのなら、公共の福祉にのっとって他方の損失を補償すべきです。ところが、そうではなくて、公共の福祉のために営業する自由や移動する自由が制限されるのは当然だ、と考える人が少なからず見られました。

政府も指をくわえて見てはいませんでした。2度目の緊急事態宣言では、休業に協力した事業者にたいして1日6万円が補償されました。でも、新型コロナウイルス特別措置法の政令が改正され、要請に応じない飲食店の名前を知事が公表できるようになりました。ここでも要請に応じない人の自由は軽んじられ、社会の制裁が正当化されたのです。

僕にはこう思われるのです。ゆるやかなロックダウンや小学校の閉鎖が感染予防に役立つのかどうかを十分に議論できない国があり、政策の受けいれが権力の生活空間への侵入をゆるし、そのことに無自覚な私たちが、これまた無自覚に他者の権利を侵害してしまったのではないか、と。

もちろん他の国でもロックダウンや小学校の閉鎖はおこなわれました。ですが、その意思決定の正当性が問われ、それぞれの措置の合法性をめぐって、おびただしい数の裁判がおこなわれました。公共の福祉は国民を説得するための言葉ではなく、権力の自由と横暴をチェックするための言葉として生きているのです。

三密をさけ、国民が自粛にすすんで応じたことが感染死のリスクを低くしたのはそのとおりでしょう。これは感染予防という観点からは意味のあることですし、これを自賛し、「民度のちがいだ」と表現した政治家もいました。

でも、権力の介入をあっさりと受けいれ、それを同調圧力に変えてしまう社会は、別の文脈では大きなあやまちをおかすかもしれません。つまり、コロナで「吉」と出た「民度」が、ちがう文脈では「凶」と出るかもしれないのです。

惰民になるな！

みなさんもうすうす気づいていることでしょう。そう、これはファシズムの問題です。個人の価値が全体の価値に支配されるとき、それは社会がファシズム的な何かにかぎりなく近づいたときです。

僕はコロナ禍をつうじて「権利よりも義務を優先しがちな社会」を透視した気がしました。この社会は突然あらわれたものではありません。「しょうがなくね？」ですまされる問題でもありません。とても大事な問題なので、私たちの近代の歴史に立ちかえりながら、少し掘りさげて考えてみましょう。

1874年、明治政府は、「恤救（じゅっきゅう）規則」と呼ばれる法律を制定しました。いまでいう生活保護のはしりのようなしくみです。ただ、政府に救済の義務はなく、地域の人たちの助けあいが最優先で、政府は、それがうまくいかないときに、しかたなく、慈善で助けてあげる、というのが原則とされました。

この「地域の助けあい原則」のもと、政府は、極貧の老人、障がい者、病人、若年児童など、おもに独身で、ほったらかしにしておくと命があぶなくなるような人たちにしぼって、一定のお米（のちにはお金）をわたすことにしました。

命を守る義務は政府になく、人びとにも保護を受ける権利などない、このような方針が出されたのは、「勤勉な労働＝勤労」や、自己責任、自助努力を重んじる社会的な価値観があったからです。これを《通俗道徳》と呼んでおきましょう。

恤救規則をめぐる議論のなかで繰りかえし使われた言葉があります。それは、「惰民（だみん）」、つまり、「なまけものの民」という言葉です。

大久保利通は、「惰民の助長」や「濫救（らんきゅう）の弊（必要のない人まで救う弊害）」をおそれて、恤救規則の取りけしをもとめました。内務官僚の井上友一も、知事らにこの規則を説明したとき、助けすぎの結果、惰民を増やすおそれがあることを心配する人がとても多かった、と振りかえっています。

大昔のできごとですが、いまでもよく聞く話ですよね。生活保護を手厚くすると、働けるくせにウソをついて、不正に受給する人が増える、働きもせずに金をもらうと人間はダメになる……みなさんも聞きおぼえがあることでしょう。

「惰民」という発想の起源について、歴史家の安丸良夫は、「道徳的な優者が経済的社会的優者でもある、という表象がつくられた」ことを強調しています。

お金や幸せを手にできた人間は、勤労し、自己責任で生きていくという道徳的な義務を果たしたからだ、と人びとは信じていました。裏をかえせば、経済的に失敗した人、貧しい人は、これらの義務を果たしもしなかった、道徳的な失敗者と考えられてしまったということです。

あえて言いましょう。まわりから救済される人間は、気の毒な人間ではなく、怠惰な民だとみなされてきた、それが日本社会の歴史なんだ、ということです。

1998年に自殺者が急増した話を、もう一度、思いだしてください。いくらまじめに働いても家族をやしなえなくなった、自己責任で生きていけず、通俗道徳を実践できなかった多くの男性労働者が自分で命を断ったではないですか。

日本弁護士連合会の調査によると、生活保護を使う権利のある人たちのうち、スウェーデンでは8割、フランスでは9割がこれを利用するのに、日本では2割未満の人しか制度を使わないそうです。一方で、OECDの調査によると、ひとり親世帯の女性の就労率や貧困率は世界のトップレベルです。

失業手当や生活保護に頼るくらいなら死ぬ、貧しくなってもいいから他人に頼らずに働く、「助けられること＝惰民」と人びとが感じる社会、それが日本社会なのです。

勤労は「義務をこえた栄誉」である！

こうした価値観を変えられる可能性が高まったのは大正デモクラシー期でした。

このころ、貧しい人の命を国が守る義務がさかんに語られていました。

ですが、ここでも、生きていく権利が保障されることはありませんでした。むしろ、議論の中心になったのは、国民が助けてもらうために必要な条件、つまり、私たちが果たすべき責任や義務でした。

社会学者の冨江直子さんは、この時期に「社会連帯」という表現が政府によって広く使われていたことを明らかにしました。この言葉を聞いて、「リベラル」な香りを感じとる人もいそうです。でも、この言葉を考案したのは、支配機構のどまんなか、内務省の社会局にいた田子一民という官僚でした。

彼は、社会をひとつの「有機体」だと考えました。個人の集まりとしてではなく、それぞれが緊密なつながりをもって作られる統一体として社会をとらえる、ということです。貧しい人たちの命を守ることにたいして、国に責任があるのではなく、一人ひとりに「連帯責任」がある、田子はこう説いたのでした。

これは、現代の社会連帯という言葉のニュアンスとだいぶちがっています。個人と国の「おたがいの責任」、「連帯責任」を強調するものでした。当時の議論を見てみますと、「弱者もまた弱者としての最善の義務責任を果たさなければならない」とされ、「社会に対する各人の責任義務」が繰りかえし議会などで述べられています。

国が個人の命を保障する、いまでは当たり前に見えるこの考えかたですが、当時の政府はこの問題への答えを出すことをたくみにさけていました。

一人ひとりが密接にかかわりあう社会像、国家像をしめすことで、国家と個人をわけられないものとして語りました。一人ひとりの権利を語るのではなく、国民の果たすべき義務、あるべき国民像とセットにして、命を守る受け身の国の責任がえがかれたのです。

勤労し、自己責任と自助努力で生きていく、それを家族やコミュニティが支える、すべての国民が果たすべき義務を果たし、国民側が義務を果たしてはじめて国のほうも義務を果たす——このような「国」と「民」の一体的な関係が全面的に広がったのが、日中戦争期でした。

国は総力をあげて戦争をおこなうのですから、一人ひとりの自由な活動をみとめる余裕などありません。国のなかにある人的、物的な資源をすべて戦争に集中していかなければなりませんから、それは当然のことですよね。

この目的のためには、勤労にはげみ、自己責任と自助努力を果たす道徳的な生きかたを強調し、生産力を高め、戦争をやりとげるための手段としていかなければなりません。

そんな文脈のなかで登場したのが、「皇国勤労観」です。１９４０年11月に閣議決定された「勤労新体制確立要綱」を見てみましょう。少しむつかしく、長いのですが、ファシズムの時代とはどんな時代なのかを感じることのできる文です。

「勤労は皇国民の奉仕活動として其の国家性、人格性、生産性を一体的に高度に具現すべきものとす、従つて勤労は皇国に対する皇国民の責任たると共に栄誉たるべき事、各自の職分に於て其の能率を最高度に発揮すべきこと、秩序に従ひ服従を重んじ協同して産業の全体的効率を発揚すべきこと、全人格の発露として創意的自発的たるべきことを基調として勤労精神を確立す」

なんかものすごくないですか？　ここでは、勤労は、国民の責任であり、その責任を果たすことは、義務をこえてほまれなんだ、と言われています。おまけに、秩序にしたがうこと、服従を重んじて経済の効率性を高めるべきこともうたわれていますよね。

しかもそれらは、創意的で、自発的におこなわれねばならないとされています。こうなるともはや、国民の権利など、論外でしかありません。私たちは、勤労にはげむ民のすがた、果たすべき義務を喜んで果たす民のすがたを、「あるべき国民像」として教えこまれたのです。

働きかたまで指図される社会

それって戦争中の話じゃん、そう思う人もいるかもしれません。

でも、この「あるべき国民像」をたんなる押しつけと見るのはまちがいでしょう。国民がよき民の姿として理解したからこそ、戦争中のこういう極点にたどりつけるのですから。ある日、突然、一方的に押しつけられた、では説明になりません。

実際、勤勉に働くこと、自己責任や自助努力をまっとうすること、これらの通俗道徳観は、戦後の日本国憲法のなかにもしっかりとあらわれています。

みなさんもご存じのように、憲法の25条には、健康で文化的な最低限度の生活を営む権利が書かれていますよね。いわゆる生存権です。

これにくわえて、27条には勤労の権利と義務が書かれています。「労働」じゃなく、「勤労」が義務であるという規定を憲法にもつ国、言いかえれば、勤勉に働くという働きかたまで憲法が指図している国は、僕の知るかぎり、韓国と日本だけです。

「勤労の義務」をめぐる議論はとてもおもしろいものでした。この条文を提案した河村又介は、勤労は国家のために働くということではないとしたうえで、「働かざるものは食うべからず式の考えであり、従って働きたる者は生存権を保障せられねばならぬという考えである」と述べました。

生存権は基本的人権です。基本的人権とはすべての人たちに認められた権利ですよね。その人間の生き死ににかかわる重要な権利さえ、「勤労の義務」が前提とされたのです。

河村とともに憲法論議にくわわり、戦後日本の憲法学に決定的な影響を与えた学者に宮沢俊義がいます。彼も、生活保護の解釈にかんして、1978年に書いた憲法の教科書のなかで次のように述べています。

「『その利用し得る資産、能力その他のあらゆるものを、その最低限度の生活の維持のために活用する』ことを怠る」ような、「『勤労の義務』を果たさない者」には、「国は、生存権を保障する責任はない」、と。

もう一度確認します。生存権とは基本的人権です。日本では、基本的人権であってもなお、まずは義務の遂行がもとめられたのです。まさに「権利の前には義務がある」という戦前から続く発想は、日本に固有のかたちで戦後にも連続しているのです。

このような歴史をふまえると、ピンとくることがあるんです。菅義偉さんが首相になられる際に、「自助・共助・公助、そしてきずなが大事だ」とおっしゃいましたよね。このさり気ない一言のなかにこそ、明治期以来の価値、通俗道徳を大事にしたいという保守的な思想が、あますところなくにじみ出ているように思うのです。

過去の記憶なのでしょうか?

さあ、現代にもどって、考えてみましょう。

たしかに、私たちは「連帯」してコロナに立ちむかいました。ですが、自粛は、私たちが果たすべき国民の義務、あるべき国民のすがたとして受けとめられなかったでしょうか。個人の権利より社会への義務が優先され、これにしたがわないと、まるで非国民と言わんばかりの目で見られなかったでしょうか。

コロナ禍のただなかでした。前を走る車にはこんな張り紙がありました。「ナンバーは他県ですが私たちはこの街に住んでいます」。僕もそうでしたし、多くの人たちが体験しました。まわりの人たちの目を気にして帰省ができなくなるという事態を。

これらは、戦前の社会連帯や皇国勤労観、あるいは「日本人ならぜいたくはできないはずだ」と書かれた戦時ポスターとどこがちがうのでしょう。

思いだしてください。社会連帯が語られた大正デモクラシーの時代、戦前の日本においてもっとも民主主義が高揚した時代から、わずか十数年でファシズムの時代がやってきたのです。国民の果たすべき義務は全面化しました。自由はうばわれ、個人の価値は全体が重んじる価値へと吸収され、権力にたいして反論する権利はすべて否定されました。

これは「過去の記憶」なのでしょうか？　僕にはそうは思えません。主観や体験ではなく、より客観的な事実を確認しても、そのような可能性が浮きぼりになるからです。

多くの研究が示すように、ファシズムを経験した国にはいくつかの特徴があります。

まず、これらの国では、世界大恐慌が中間層の暮らしをおそい、人びとが貧しさへの転落の恐怖におびえきっていました。失業者や若者、あるいは退役軍人など、多くの人たちが社会的な居場所をなくしてしまいました。

それなのに、不安におびえる国民をよそに、政治家は、自分たちの利益のために政争を繰りかえし、国民の政治不信は頂点にたっしていました。

政府が助けてくれないのであれば、人びとは自分たちの暮らしを自分たちで守るしかありません。国が弱りゆくなか、ボランティア組織や協同組合のような「中間団体」が次々と生まれ、それらが提供するサービスへの人びとの依存も日増しに強まっていきました。

ドイツのナチスであれ、イタリアの国家ファシスト党であれ、政党ではありませんが日本政府であれ、ファシズムが可能だったのは、こうした中間団体を権力の側が取りこむことで、大勢の人たちを組織的に動員できたからでした。

人びとは運動にくわわりました。でも、彼ら／彼女らは勇ましい活動家ではありませんでした。それは、頼る先をなくし、生きることの重みに耐えかね、それまでの政府のすがたに絶望した「民衆」だったのです。

転落の恐怖におびえる人びと

この問題を頭のかたすみに置いて、いまの私たちの社会を見てください。

すでに確認したように、勤労者世帯の暮らしは劣化を続けています。図5－1（238ページ）にあるように、平成の最後の年には、世帯収入400万円の前後でそれ以下の人

図5-1　所得の分布状況

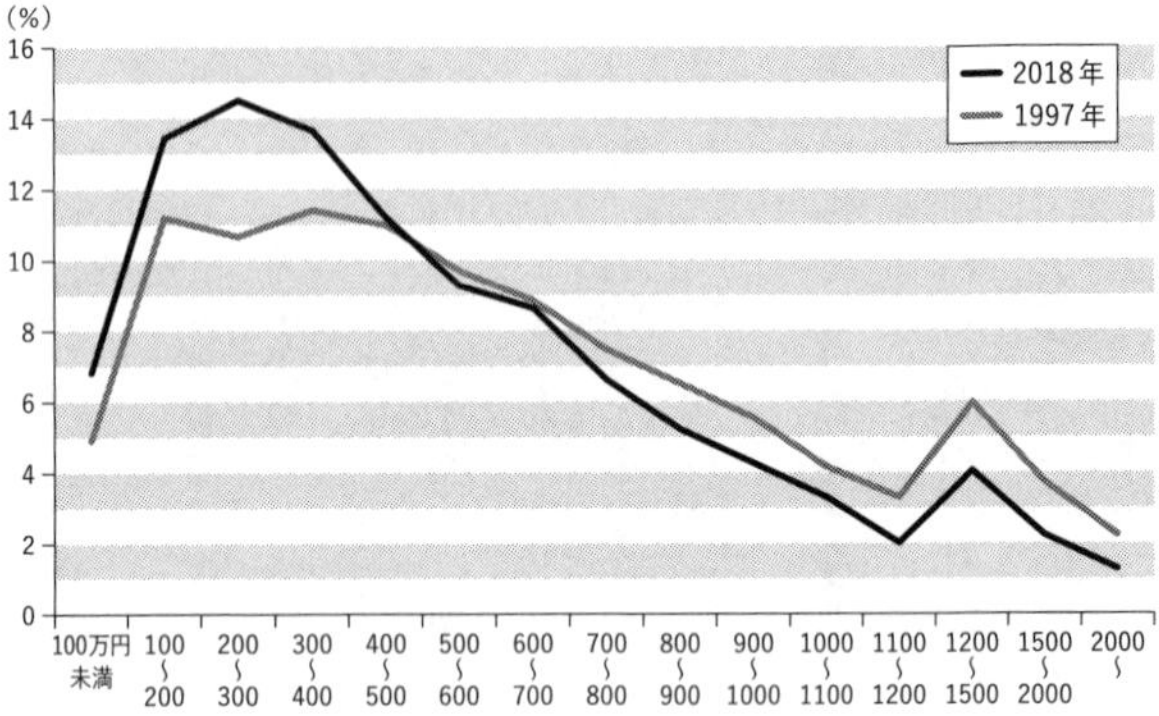

出所：国民生活基礎調査より作成

たちはハッキリと増え、それ以上の人たちもまた、明らかに減っているのがわかります。

第一章で、世帯収入が３００万円未満の人たちが全体の３割を占めている、と言いましたよね。４００万円未満で見てみますと全体の５割弱を占めます。この３割、５割という数字は、平成元年度の割合とほぼ同じなんです。平成の31年間をつうじて、結局、社会全体としては、もとの所得水準にもどってしまったのです。

金融広報中央委員会という団体がおこなったアンケート調査があります。これを見ると、回答者の84・４％が老後は不安だと答え、とりわけ40代、50代は９割に接近するありさまです。それでも私たちは自己責任で生きていこうと必死に歯を食いしばって生きています。

安丸良夫は、「ささいな条件の変化によって、勤勉、倹約等にもかかわらずたくさんの人たちが没落してゆかざるをえなかった。だが、こうして没落していった人たちの自己形成、自己規律のエネルギーは、どうなるのだろうか」と問いました。この問いの重さをあらためてかみしめねばなりません。

金融庁の報告書問題をおぼえてますか？　そう、老後資金として2000万円のたくわえが必要だ、と指摘し、問題となったレポートです。大きな反響と反発を呼びましたよね。そして、政府はこの報告書を受けとらず、結果的に報告書そのものがなかったことにされてしまったのでした。

この状況は、あまりにもおかしくないでしょうか？

先に見た金融広報中央委員会のアンケート調査では、老後の生活資金として準備しておくべき金融資産はいくらぐらいかも聞いています。平均値は、2人以上世帯では2160万円、単身世帯では1898万円でした。足して2で割ればほぼほぼ2000万円です。

つまり、金融庁の報告書が訴えていたことは、国民の予想と一致していたわけです。そのふつうの報告書を前に、政府は対策を講じるのではなく、受けとりを拒否して事実をなかったことにしてしまったのです。

こうした態度は、民主的なプロセスを大事にしなかったコロナ対策とまったく同じように僕には見えます。スウェーデンはおろか、他の先進国でも考えられない対応です。

日本では、桜を見る会や森友学園、統計不正、障がい者雇用の水増し、派閥資金のキックバックなど、さまざまな問題が起きています。起きた問題にたいして国民にきちんと説明しようとしない、このかぎりにおいて政府の態度は一貫していると言わざるをえません。

この道はいつかきた道

左派野党もまた、政治不信の背中を押しています。

僕が民進党のお手伝いをしていたとき、「離党ドミノ」という言葉が毎日のようにメディアで飛びかっていました。そのあとも、希望の党への合流とその破たん、さらには立憲民主党と国民民主党の対立、さらには国民民主党からの分裂と離合集散を繰りかえす様子は多くの国民をガッカリさせています。

野党共闘もまた、ふつうの国民目線で見れば、わかりにくい主張です。共闘の目的が選挙に勝つことなのはだれの目にも明らかです。でも、中立的な立場から見れば、自分たちの政策を投げだして、与党はまちがっているから自分たちが勝つことが正義なのだ、と言ったところで、この主張をどのくらいの国民が受けいれてくれるのでしょうか。

おまけに、旧民進党系の人たちのなかには、消費税に反対の立場をとる共産党や社民党、そしてれいわ新選組に対抗馬を立てられたくない、その一心で政策的な妥協を受けいれている人が少なからずいます。気持ちはわかるのですが、社会にとって必要なことを考える姿勢とは真逆の態度と言わざるをえません。

こうした政治家の不誠実さは、言いかえれば、人びとの命や暮らしを守ることよりも、自分かわいさが優先されている、ということですよね。そして、これと表裏をなすように、次々と生活を守るための中間団体が生まれています。

子ども食堂を見てください。子どもの命を守るのは、政府ではなく、善意ある人たちがつくった団体になろうとしています。あるいは、障がい者の自立支援や介護の現場を見てください。そこで活躍するのは認可法人やＮＰＯなどの非営利組織の人たちです。

これらの活動は私たちの生活に欠かせないものになりつつありますが、これが政府の責任転嫁の裏がえしだとすれば、こうした中間団体への依存は、さらに政治不信を強め、社会全体を組織化するための手段となる危険性を高めていくのではないでしょうか。

その可能性は法的なレベルでも高まっています。みなさんは、２０１７年および２０２０年の法改正で、社会福祉法に大きな変更がくわえられたことを知っていましたか？

２０１７年改正では、現行法の第４条２にあたる規定に関して、「福祉サービスを必要とする地域住民が地域社会を構成する一員として日常生活を営み、社会、経済、文化その他あらゆる分野の活動に参加する機会」について、「与えられる」ものから、「確保される」べきものへと書きかえられました。

また、現行法の第４条３にあたる規定が追加され、そこでは、地域住民等が課題を把握し、関係機関との連携をつうじて「解決を図るよう特に留意するものとする」とされました。「留意する」だけでも違和感があるのですが、「特に留意する」とされています。

２０２０年改正では、第４条１項の規定が追加され、ここでも、地域福祉の推進は住民の参加を前提とした努力義務（行われなければならない）としてあらわされました。

国家のかかげる社会ビジョンの実現のため、地域住民には参加する機会が確保されねばならない、住民は地域課題の解決を図るよう特に留意しなければならない、住民が参加し、共生する地域社会をめざして、地域福祉は推進されねばならない……こうした法改正が国民に気づかれぬままにすすんでいる現実を、みなさんはどう理解しますか？

そうです。コロナ禍で観察された、日本のあやうさを象徴するできごとは、社会の足元が大きくゆらぐなかで起きていたできごとの一部だったのです。

権利よりも義務や責任が優先され、全体の価値に服しない人たちに有形無形の圧力をくわえる社会がコロナ禍で見えるようになった、と言いました。コロナの死亡者数をおさえこんだ「民度」は、いつかきた道にもどるための原動力なのかもしれません。

もしそうだとしたら、私たちは、本当に変革の可能性をあきらめてしまって良いのでしょうか？　いえ、それはたんなるあきらめなのではなく、否定されるべき未来を知らず知らずのうちに選ぼうとしているだけなのではないでしょうか？

義務を果たせるようにするために権利を保障する

いま僕は、「『べし』は『できる』を含意している」という哲学者イアン・ゴフの言葉を思いだしています。

できっこないこと、実行不可能なことを押しつけられたとき、私たちはそれを「不当」だと考えますよね。義務を負いなさい、というとき、それは義務を果たせることが当然の前提とされています。

できもしないことを「義務だ！」と言って、他人に押しつけるのは不当なことである、この視点を僕はみなさんと分かちあいたいと思います。

そのうえで、みなさんにたずねたいことがあります。では、義務をともなわない権利を語ることは、果たして「正当」なのでしょうか。

ゴフの指摘を続けましょう。私たちは市民の権利を語ります。でも、その権利が、その集団のなかで果たされるべき責任や義務からまったく切りはなされてしまったとしたら、論理的、倫理的には正しくても、実践的にはむなしいものになってしまいます。たがいが義務を無視して、権利だけを主張しあえば、その集団は空中分解してしまいますから。反対の場合も同じです。その責任を果たすために必要な手段が与えられていないのに、個人や集団に義務だけが課されるとすれば、どうでしょう。できもしないことをもとめている時点で、こちらも実践的に意味のないことになってしまうにちがいありません。

市民の権利は倫理と実践の両方に支えられています。責任や義務を語らず、権利だけをもとめるのは、僕も理屈のうえでは共感するのですが、現実的ではありません。

僕は、勤労や自己責任、自助努力、これらの言葉が苦手です。でも、むつかしいのは、これらに示される責任や義務の一つひとつが、私たちの社会にあっては消しさりがたい、歴史的な重み、価値をもっていることです。

もちろんこれらの責任や義務ばかりを声高にさけぶことをゆるしてしまえば、戦前・戦時期のように、社会は破滅への道をたどります。ようするに、問われているのは、責任や義務のまっとうな居場所なのです。

僕は、だれもが人間らしく生きられる条件、権利を考え、そのうえで、みなが合意した責任や義務を果たせるようにする社会をめざすべきだと考えています。そのプロセスが民主主義の原理、対話の原理によって支配されなければならないことはもちろんです。

第三章では、道義的な責任を果たすことが「承認された」と確信できるために大事だとお話ししましたよね。民主主義的な意思決定の重要性もしつこいくらい強調しました。ベーシックサービス、品位ある最低保障、ソーシャルワークをつうじて人びとが人間らしく生き、暮らしていく権利を満たせるようにする。そして、それを土台として、すべての人たちが納税や勤労という国民の義務を果たせるような社会をめざす。これが僕の議論の根幹にある考えかたなのです。

極端ではなく、その中庸をめざす

以上の視点から、あらためて、コロナ禍の日本の社会問題について考えてみましょう。

営業する自由、移動する自由を犠牲にしてでも、国民としての義務を果たすべきだというのなら、そうした義務を果たせるようにするため、事業主であれ、フリーランスもふくめた労働者であれ、収入の埋めあわせをおこなうのは当然のことです。

自粛するのが国民の義務だと感じるのなら、子どもが家にいることで仕事にいけなかった人たちの暮らしをどうやって支えるのか、あるいはきわめてむつかしい問題ですが、パチンコ屋さんにいけずに無収入になる人たちの暮らしをどうするのか、正面から議論がされてしかるべきではなかったでしょうか。

つまり、国民が責任や義務を果たせるようになる条件を、私たちが積極的に満たそうとしているのか、ということです。勤労や自己責任、自助努力が大切なら、それらができるようになるための条件を用意することこそが筋だと言いたいのです。

こうした発想に立てば、僕がベーシックインカムではなく、ベーシックサービスを提案した理由もわかってもらえるのではないでしょうか。

お金をわたしきりにして、働かなくてもすむ社会をめざすのはひとつの考えかたです。でも、日本の歴史や私たちの重んじてきた価値を大事にし、それを守っていこうとするのであれば、だれもが安心して働くことのできる社会をめざし、その条件を堂々と論じなければなりません。だから僕は、第一章で「守るために変える」ことの大事さを訴えたのです。

こうした僕のまなざしからは別の要求が生まれます。それは、以上の権利と責任・義務の関係、だれもが働くことをたのしめる社会という視点のなかには、当然、外国からきた人たちもふくまれなければならない、ということです。

第二次安倍政権では、外国からの労働者がハイペースで増えましたよね。日本の経済にとって外国人の受けいれがさけられないのなら、そうした人たちが日本社会の義務を果たせるような手段を提供するのは当然じゃないでしょうか。

僕がこれまでの章で消費税を軸にすべきだと訴えた理由、それは、貧しい人たちにくわえて、外国人も納税者となることで、さまざまなサービスの利用権を手にできるようにするためです。彼らだってスーパーでモノを買います。消費税をはらっています。ですから、私たちと同様、ライフセキュリティの輪にくわわるのは当たり前のことなのです。

僕は、左でも、右でも、そのあいだでもない別の政治、《中庸の政治》をもとめています。左なら義務を、右なら権利を、それぞれが軽んじるでしょう。義務と権利をつなぎあわせるもの、自分の幸せと他者の幸せを調和させるもの、それこそが「必要充足」の原理であり、財政と民主主義を土台とした《ライフセキュリティの社会》なのです。

歴史の分岐点だからこそ思うこと

新型コロナウイルスは日本社会の問題を目に見えるようにした、と言いました。これらの問題を根本から解決していくためには、いまある道のどれかを選ぶのではなく、新しい道を切りひらく、そんな強い気持ちが必要なのではないでしょうか。

僕の学者デビューは、高橋是清の財政政策の研究でした。高橋さんは、通貨制度を変え、国債を日銀に引き受けてもらうことで、大胆な財政出動をおこないました。日本経済はみごとに復活しました。でも、二・二六事件の凶弾にたおれ、彼の借金に頼った財政運営方式は、戦時財政を支える道具となってしまいました。

長幸男さんという思想史研究者がいました。彼は、なぜ高橋のもとにリベラルな勢力が結集し、軍国主義を防げなかったのかを問いました。気になってはいましたが、ふと気づくと、あっという間に30年近い年月がたっていました。僕なりに考えてきた30年でしたが、いままさに、長さんと同じ問いへの答えがもとめられている気がします。

右傾化、保守化の危険性があちこちでさけばれています。僕自身、この章のなかでファシズム化の可能性について述べました。右傾化は、左傾化と同じくただの現象です。コロナに立ちむかうべく団結した国民のすがたを好ましく思った人からすれば、「お前は反日だ」と怒られるかもしれません。

たしかに、僕は右派的な、改憲論者ではありません。でも、「9条を残そう」というメッセージだけでは、いつ日本がいつかきた道にもどってもおかしくないと思います。なぜなら、歴史が教えるように、人びとが生活不安におびえきってしまえば、9条の有無にかかわらず、政府がまわりの国ぐにを「不満のはけ口」として利用しかねないからです。

人口減少が加速し、かつてのような経済成長がのぞめないなか、中間層の生活不安をどう解消するのか、この問いへの具体的な答えが求められています。人びとの暮らしを大事にしてきた左派的な物言いが通用しないのなら、いまある右や左の思想をこえた、あたらしいアプローチが必要なのです。

個人の権利をみとめ、自由を保障することで、一人ひとりが責任と義務を果たせる社会。自立した人びとが連帯し、自分の幸せとみんなの幸せを調和させる社会。そんな社会はいったいどうすれば実現できるのでしょうか。

人口減少、高齢化、経済の長期停滞、他の先進国もふくめ、《縮減の世紀》を私たちは生きています。そんななか、私たちは、一人ひとりの権利よりも、国民としての義務が優先される社会が近づきつつあるかもしれないことを知りました。

いま、のぞましい社会を語りあわないとすれば、いつやれば良いのでしょう。明日でしょうか？　来週でしょうか？　来年でしょうか。

もう一度だけ言わせてください。あきらめることは何もしないことなのではありません。より窮屈で、生きづらく、自由が当たり前のように否定される世の中を作りだすことをみずから選ぶ、ということかもしれないのです。

権力を持つ人たちに声をあげるのは勇気がいります。僕だってこわいです。

でも、そんな勇気のない僕たちでも、なぜ生きづらいのかを考え、どんな社会が自分たちにとって「善い社会」なのかを暮らしのなかで語りあうことならできます。怒りを投票であらわすことだってできます。

これは私たちの自由を守るための静かな闘いなのです。自分たち自身の手であたらしい社会を作るための、その気になれば、だれにだってできる闘いなのです。

さあ社会を語ろう、そして変えよう

いよいよ最後です。正直に言うと、「しょうがなくね？」という空気になぜ僕があらがおうとするのか、みなさんにきちんとお伝えできたか、不安な気持ちで一杯です。

僕は、はしがきで、この本を「社会の語りかた／変えかた」に悩んでいる人たちに届けたい、と言いました。でも、「社会を語ろう、変えよう」というメッセージはいまの時流にかなったものではありませんし、僕の政治とのかかわりや、生い立ちの話にまで踏みこんだおかげで、予想どおり熱苦しい本になりました。

ただ、わかってはいても、僕にはこういう書きかたしかできないんです。人間の思想や哲学は、その人の生きかたとひとつになっています。アーレントの議論が、彼女がナチスに迫害された体験と切っても切りはなせないように。

僕だって同じです。家族の不幸という悲しい体験がなければ、アーレントの議論の意味も、大切さも、理解できなかったことでしょう。データにも気づけなかったでしょう。政治とかかわり、数えきれない批判や反論をくぐり抜けていなければ、僕の議論にはわずかな説得力もなかったでしょう。ここまで書ききる勇気も持てなかったことでしょう。

僕の議論の根底には理不尽さへの怒りがある、と言いました。

僕は3度死にかけたことがあります。1度目は母が僕を産むか、産まないか悩んだとき。2度目は、闇金融の関係者と大げんかになり、車で連れ去られたとき。そして3度目は脳内出血で死にかけたときです。

でも僕は生きています。どんなにぼんやりした人間でも、自分が幸運なことくらいはわかります。幸運というだけの理由で、僕はこの本を書き、自分の思いをみなさんに伝え、家族と生きていく幸せを感じることができています。

だからこそ、僕は、反対の状況がゆるせません。運が悪いという、たったそれだけの理由で絶望する人たちがいる。そんな理不尽な状況がゆるせないのです。

僕はその理不尽に徹底的にはむかうと決めました。そうでなければ、運よく生きのびられた幸運も、命がけで僕を育ててくれた母や叔母の努力も、まったく意味を失ってしまうからです。

僕は《中庸》をめざしています。だから右も左も批判しなければなりません。僕は税の話から逃げません。だけど借金返済を優先するわかりやすい健全財政主義者ではありません。ですから政治の場でも、霞が関でも、多くの批判を受けてきました。

何度も心が折れそうになりました。でも、批判はまっとうな社会のあかしです。より良い答えに近づこうとする人間の必死の努力です。自由を求める私たちは、既存の型にはめられ、ポジショントークをさせられるくらいなら沈黙する自由を選ぶべきなのです。

《愛する価値のある国》を自分たちの手で作りたい——この言葉にこめた想いがみなさんに届くことをねがって、本書を閉じさせてください。

一方に、いまの日本を愛し、同胞愛を重んじ、命がけで国を守ることを美徳とする人たちがいます。その人たちに言いたい。命をかける覚悟、同胞の幸福をいのる心があるのなら、この社会を生きるすべての仲間が直面する痛みのために闘え、社会を変えろ、と。

もう一方に、愛国心なるものをきらい、平和をもとめ、弱者の権利を重んじる人たちがいます。その人たちにも言いたい。なぜお金を基準にことの良し悪しを決めようとするのか、将来への不安におびえるすべての人の未来を語れ、だれもが安心でき、未来への確信を持ち、したがって破壊よりも平和を希求せざるをえない状況を作れ、と。

そうなんです。国を愛する気持ちと、不正をにくむ気持ちは、まったく矛盾しないのです。僕は、すべての人間の将来への不安を取りのぞき、一人ひとりの生きづらさをほうっておけない、そんな誇りに満ちた国を作りたい。いまの国を愛せないのなら、愛するにたる自由の王国を自分たち自身の手で作りたい、心からそう思っています。

これが《自由への闘い》という仰々しい言葉にこめた想いです。

どうでしょう。みなさんの心のどこかに、何かが引っかかったでしょうか。もしそうなら、社会を語ってください。あなたの身近を変えてください。手づくりで、人びとが共に生きる、誇りあふれる国は、私たちの日常の延長線上にあります。

《いま》の先で、希望に満ちた未来が、私たちのおとずれを待ちわびています。

単行本あとがき

僕はあとがきで熱弁をふるうくせがあるんです。でも、今回はその気力がありません。思いの丈も、語るべきことも、すべて書き尽くしました。もう、最後に書けるのは、反省とお礼だけです。

僕はこれまで、「社会を変える」という言葉を避けてきました。自分は学者だし、政治家じゃない、社会を変えたい人たちの選択肢を示すのが僕の仕事だ、そんなふうに思ってきました。

でも、これって、かなり高飛車な話だったと思います。我ながら。

僕は社会を変えたいんです。でもみんなと一緒じゃないとムリ。だったら、こんなふうに社会を変えたいという見取り図を示し、ああしよう、こうしようと語りかけるのが本当の責任のはず。語りあわず、設計図だけ書いて、だれかに世の中を変えさせようと思うのって、ぶっちゃけ、ただの上から目線ですよね。

僕の持論をみなさんに示す。あれこれ語りあって、批判しあって、みんなでこんな社会がいいねって夢を見る。一つひとつの夢は微妙にちがってる。でも、なんとなく同じ方向を見てて、それぞれがそれぞれの領域で何かを変えていく。僕自身、そんな大きな流れに飲みこまれたい。そんなふうに思えるようになったんです。

心境の変化はたぶんに老いによるものだと思います。でも、僕に数えきれない気づきをあたえてくれた仲間たちとの出会いも大きかったんです。

この社会には希望があります。人間という希望です。自分そっちのけでだれかの幸せを願い、現場のあちこちでもがき苦しんでる人たちがたくさんいます。そんな人たちとの出会いが、少しずつ、僕の心をひらいていってくれたように思います。

もちろん絶望もあります。政治とかかわり、たくさんの痛みや悲しみを知りました。家族の不幸にみまわれ、悩み、もだえながら生きてきました。

小学館の竹下亜紀さんが連絡をくれたのは、そんなどん底のときでした。

政治にのめりこんでいた僕が、ちょっとだけ出ている映画が公開されたんですよ。本文でも紹介した『なぜ君は総理大臣になれないのか』という作品。それをたまたま竹下さんが見たのがきっかけで、この本は生まれることになりました。

竹下さんの情熱的な文に心が揺れました。何かしなきゃ、まだ自分にはこんなエネルギーが残ってるんだ、って思った。元気をもらうって本当にあるんですね。

いま、書ききった感で一杯なんですが、この満足感は、政治に敗れた悲しみとつながっていました。あの痛みがなければ、執筆のチャンスも、いまの満足感もなかったのです。絶望が希望のはじまりだなんて、思いもしませんでした。悲しみとは光がさす直前の暗がりなんですよね。なんかすごいことに気づけた気分です。竹下さん、誘ってくれて、本当にありがとうございました。

僕の尊敬する哲学者ヴィクトール・E・フランクルの言葉で本を閉じさせてください。

「『強制収容所ではたいていの人が、今に見ていろ、わたしの真価を発揮できるときがくる、と信じていた』けれども現実には、人間の真価は収容所生活でこそ発揮されたのだ。おびただしい被収容者のように無気力にその日その日をやり過ごしたか、あるいは、ごく少数の人びとのように内面的な勝利をかちえたか、ということに」

悲しみの未来も、喜びの未来も、いまの延長線上にあります。必ずあります。だからこそ、僕たちは、「いつかやろう」ではなく、いまこの瞬間に、「何をすべきか」を考え、語るべきだと思うんです。

最後にもう一度、みなさんに言わせてください。

さあ、社会を語ろう、そして変えよう、一緒に。

井手英策

2021年3月23日

貫太郎が卒業する日の朝に

あとがき～新書版によせて

わずか3年前に書いた本が新書になりました。おそらく最初で最後の体験でしょうが、既刊本をリライトする作業はとても愉快なものでした。というのも、書きかえる部分、据えおく部分、自分の「変化」と「ゆるがないもの」が両方見れたからです。

正直、この本は、単行本よりも断然、読みやすくなったと感じています。僕が賢くなったからではありません。たぶん「いらないものはいらない」という当たり前のことに気づけたからです。自分を大きく見せるのはやめよう、シンプルなものをもっとシンプルにしよう、こうした心持ちの変化、それを人は《老い》と呼ぶのかもしれません。

老い。そうなんです。昔のような熱量はなくなりました。有名になりたいという欲望も。かわりにと言ってはなんですが、人の視線や誹謗《ひぼう》中傷も気にならなくなりました。だからこの本では言いたいことを言い切れました。限界を知ることで想いがストレートに伝わる。

命は逆説に満ちています。

ゆるがないものもありました。ちょっと照れますが、《人間への希望》です。

いまの日本社会を見てください。弱い立場に置かれた人たちへのやさしさ、配慮だけでなく、国の財政運営から常識や節度までもがなくなろうとしています。

みなさんも聞いたことがあるかもしれません。所得制限をつけると「もらえる人」と「もらえない人」を生み、社会が分断される、という説明を。僕はおそらく、この論理をもっとも初期に展開した研究者のひとりなんだと思います。

僕は健全財政主義者ではありません。財務省に借りのある人間でもありません。でも、自分の主張がお金やサービスをバラまくことを正当化し、結果的に財政や社会の節度を喪失させているのかもしれない、そう思ったとき、泣きそうな気分になりました。

だからなんです。この本では以前にも増して税の話をしています。だってそうでしょう？　借金まみれの見苦しい財政を残すということは、借金をして悪びれもしない、そんな見苦しい世の中を残して死ぬことと何も変わりませんから。

アダム・スミス、カール・マルクス、ジョン・M・ケインズ……偉大な経済学者は、優れた研究者であるだけでなく、社会の見かた／見えかたを変える力を持っていました。僕たち学者に求められているのは、まさにこの力への意志ではないでしょうか。財政思想の転換、常にネガティヴにえがかれる税の見かた／見えかたを変えようとする意志です。

そんなの一介の学者にはムリでしょ？　そうですね。ムリでしょうね。でも僕は最後まであがくと決めたんです。たとえムダなあがきでも、未来を生きる人たちに「ちゃんと国のゆくすえを案じた人がいてくれたんだ」、そう思ってほしいじゃないですか。

僕の思想はまだまだ力足らずです。ほとんどの政治家がまともに税の話をしようとしません。でも、僕はあきらめません。人間の希望は人間でしかありえないのです。ひとりでもいいから心ある政治家が増えてほしい。身近で想いを分かちあえる仲間を増やしたい。そう心に誓って僕はこの本を書きました。きっと社会は変わる、そう信じて。

正直に言うと、小学館の竹下亜紀さんから新書化のお話をいただいたときはひるんだんです。この本には家族の話が何度も出てくるでしょう？　母や叔母との記憶と向きあうのは、二人の遭難から5年の月日が流れたいまでも簡単なことじゃないんです。

でも僕はいまの日本をほっときたくなかった。税の見かた／見えかたを変えなければと思った。だから、自分が作りあげてきた理論をさらに研ぎすまし、自分の置かれた時代状況をていねいに追跡し、家族の不幸、政治との闘い、自分の魂を叩き割られるような体験とふたたび向きあってでも、空前かつ絶後の本を世に問いなおしたかったのです。

原稿を読んだ竹下さんは「3年前よりも読む人の気持ちに寄り添う技術を積まれましたね」と言ってくれました。なくしたもの、手にしたもの、両方あるけど、僕はこの一言に救われました。老いとは《まだ見ぬ私との出会い》であって《衰退》ではないのだと。

希望の灯火が輝きを増しました。竹下さん、ありがとう。

そして、この熱苦しい本を最後まで読みきってくださったみなさん、本当にありがとう。

2024年1月13日

命がけで授かった愉咲の挑戦の日に

井手英策

参考文献

●参考図書

池田敬正（1986）『日本社会福祉史』法律文化社
井手英策（2018）『幸福の増税論――財政はだれのために』岩波書店
井手英策・柏木一恵・加藤忠相・中島康晴（2019）『ソーシャルワーカー～「身近」を革命する人たち』筑摩書房
稲垣栄洋（2020）『生き物が大人になるまで　「成長」をめぐる生物学』大和書房
井上友一（1909）『救済制度要義』博文館
岩本晃一（2018）「人工知能AI等が雇用に与える影響：日本の実態」RIETIポリシー・ディスカッションペーパー
大沢真理（2009）「失業給付を受けない失業者　日本の比率は主要国で最高レベル」『学術の動向』公益財団法人日本学術協力財団
奥村賢一（2018）「ネグレクト児童の支援におけるスクールソーシャルワーカーの役割に関する一考察――小学校教員を対象としたアンケート調査から」『福岡県立大学人間社会学部紀要 Vol.26 No.2』

木村大治ほか（２００８）「特集：〈共にある〉哲学」『談』vol.81　公益財団法人たばこ総合研究センター
金融広報中央委員会（２０２０）『令和２年　家計の金融行動に関する世論調査』
生活保護問題対策全国会議監修（２０１１）『生活保護「改革」　ここが焦点だ！』あけび書房
新家義貴（２０２０）「幼児教育無償化とＧＤＰ」『Economic Trends』
長幸男（１９６３）『日本経済思想史研究～ブルジョア・デモクラシーの発展と財政金融政策』未来社
冨江直子（２００７）『救貧のなかの日本近代』ミネルヴァ書房
日本政策金融公庫（２０２０）『教育費負担の実態調査結果』
宮沢俊義（１９７８）『全訂　日本国憲法』日本評論社
安丸良夫（１９９９）『日本の近代化と民衆思想』平凡社
アクセル・ホネット（２００３）『承認をめぐる闘争　社会的コンフリクトの道徳的文法』法政大学出版局
アマルティア・セン（１９８９）『合理的な愚か者～経済学＝倫理学的探究』勁草書房
ヴィクトール・フランクル（２００２）『夜と霧　新版』みすず書房
ガイ・スタンディング（２０１８）『ベーシックインカムへの道　正義・自由・安全の社会イン

フラを実現させるには』プレジデント社
ケネス・シーヴ&デイヴィッド・スタサヴェージ（２０１８）『金持ち課税～税の公正をめぐる経済史』みすず書房
ジョン・デューイ（１９７５）『民主主義と教育（上）』岩波書店
ステファン・エセル（２０１１）『怒れ！憤れ！』日経ＢＰ
トマス・ペイン（１９８２）「土地配分の正義」『近代土地改革思想の源流』御茶の水書房
ハートレー・ディーン（２０１２）『ニーズとは何か』日本経済評論社
ハンナ・アレント（１９９４）『人間の条件』筑摩書房
ハンナ・アーレント（１９９４）『過去と未来の間　政治思想への８試論』みすず書房
フィリップ・ルビロア（１９７２）「講演録　フランスの付加価値税について」『租税研究２７３号』公益社団法人日本租税研究協会
マニュエル・カステル（１９８９）『都市・階級・権力』法政大学出版局
ラリー・ランダル・レイ（２０１９）『ＭＭＴ現代貨幣理論入門』東洋経済新報社
Ｌ・ドイヨル&Ｉ・ゴフ（２０１４）『必要の理論』勁草書房

Anna Cotte & Andrew Percy, 2020, *The Case for Universal Basic Services,* Polity.

Bo Rothstein and Eric Uslaner. M. 2005 "All for all - Equality, Corruption, and Social Trust." *World Politics,* Vol.58, No.1.

Ian Gough, 2019, Universal Basic Services: A Theoretical and Moral Framework, *The Political Quarterly,* Vol.90, No.3. WILEY Blackwell.

Junko Kato, 2003, *Regressive Taxation and the Welfare State: Path Dependence and Policy Diffusion,* Cambridge University Press

Jonathan Wolff, 1998, Fairness, Respect, and the Egalitarian Ethos, *Philosophy & Public Affairs,* Vol.27 No.2

Carl Benedikt Frey & Michael A. Osborne, 2017, The future of employment: How susceptible are jobs to computerisation?,（https://www.sciencedirect.com/science/article/pii/S0040162516302244）

ILO, 2018, Universal Basic Income proposals in light of ILO standards – Key issues and global costing, *ESS Working Paper* No.62.

ILO, 2009, *The Financial and Economic Crisis: A Decent Work Response.*

OECD, 2014, Trends in Income Inequality and its Impact on Economic Growth, *OECD Social, Employment and Migration Working Papers,* No. 163.

OECD, 2008, *Growing Unequal: Income Distribution and Poverty in OECD Countries.*

Jonathan David Ostry, Andrew Berg and Charalambos, G. Tsangarides, 2014, *Redistribution, Inequality, and Growth*, IMF Staff Discussion Note.
OECD, *Education at a Glance, 2020*.
Quentin Batista, Daisuke Fujii, Taisuke Nakata, Takeki Sunakawa, 2022, "COVID-19 and Suicide in Japan," *CREPE DISCUSSION PAPER*, NO. 127.

●インターネット記事（２０２１年３月23日閲覧確認）
翁百合「誤解されたスウェーデン『コロナ対策』の真実」
(https://toyokeizai.net/articles/-/369313)
山内正敏「『日常をできるだけ維持する』スウェーデンのコロナ対策」
(https://webronza.asahi.com/science/articles/2020033000003.html)
東京新聞「『一斉休校』首相決断の舞台裏　官邸は文科省の代案を突っぱねた」
(https://www.tokyo-np.co.jp/article/43734)
朝日新聞「臨時休校要請、首相『独断』に腹心の影　菅氏ら置き去り」
(https://www.asahi.com/articles/ASN2X74BSN2XUTFK03F.html)
AFP　BB News「コロナ禍を権力強化に利用、民主主義は弱体化 著名人らが警告」

（https://www.afpbb.com/articles/-/3290351）

【地球コラム】「独自のコロナ対応貫くスウェーデン」

（https://www.jiji.com/sp/v4?id=20200720world0002）
●新書版追加インターネット記事（２０２４年3月8日閲覧確認）
選挙ドットコム「投票率80％のオランダに学ぶ」
（https://go2senkyo.com/articles/2022/11/30/73447.html）

井手英策［いで・えいさく］

1972年、福岡県久留米市生まれ。東京大学大学院経済学研究科博士課程修了。日本銀行金融研究所、東北学院大学、横浜国立大学を経て、現在、慶應義塾大学経済学部教授。専門は財政社会学。総務省、全国知事会、全国市長会、日本医師会、連合総研等の各種委員のほか、小田原市生活保護行政のあり方検討会座長、朝日新聞論壇委員、毎日新聞時論フォーラム委員なども歴任。著書に『幸福の増税論――財政はだれのために』（岩波書店）、『富山は日本のスウェーデン 変革する保守王国の謎を解く』（集英社）、『欲望の経済を終わらせる』（集英社インターナショナル）、『リベラルは死なない 将来不安を解決する設計図』（朝日新聞出版）、『18歳からの格差論』『いまこそ税と社会保障の話をしよう！』（いずれも東洋経済新報社）、『ふつうに生きるって何？ 小学生の僕が考えたみんなの幸せ』（毎日新聞出版）ほか多数。共著に『大人のための社会科 未来を語るために』（有斐閣）、『壁を壊すケア 「気にかけあう街」をつくる』（岩波書店）など。2015年大佛次郎論壇賞、2016年度慶應義塾賞を受賞。

ベーシックサービス
「貯蓄ゼロでも不安ゼロ」の社会

二〇二四年　四月六日　初版第一刷発行

著者　井手英策
発行人　石川和男
発行所　株式会社小学館
〒一〇一－八〇〇一　東京都千代田区一ツ橋二ノ三ノ一
電話　編集：〇三－三二三〇－五一二五
　　　販売：〇三－五二八一－三五五五

印刷・製本　中央精版印刷株式会社

Printed in Japan ISBN978-4-09-825470-5

本文中の図版作成：新井良子、矢口なな（PiDEZA inc）
校正：玄冬書林
ＤＴＰ：昭和ブライト
編集：竹下亜紀

小学館新書
好評既刊ラインナップ

新版　動的平衡ダイアローグ
9人の先駆者と織りなす「知の対話集」　福岡伸一 468

生物学者・福岡伸一が、ノーベル文学賞を受賞したカズオ・イシグロ氏など、各界の第一人者と対談。生命や芸術の本質に迫る。新書化にあたり、歌手・俳優等、多方面で活躍する小泉今日子氏との対話を新たに収録。

ベーシックサービス
「貯蓄ゼロでも不安ゼロ」の社会　井手英策 470

教育費・医療費・介護費・障がい者福祉がタダになるシステム「ベーシックサービス」を、財源から実現の道筋まで、考案者である財政学者が自身の壮絶な体験とともに解説。カネと運で人生が決まる社会の終焉をめざす。

ファスト・カレッジ
大学全入時代の需要と供給　高部大問 472

今や日本の大学は「就職しか興味がない学生」と「教える意欲がない教員」の思惑が一致して、早く手軽に卒業資格を提供するだけのファスト・サービスと化している。現役大学職員が明かす「ざんねんな大学」のリアル。

調教師になったトップ・ジョッキー
2500勝騎手がたどりついた「競馬の真実」　蛯名正義 473

JRA通算 2541 勝の名手が、調教師として第二の人生をスタートさせた。騎手だった時代の勝負強さに加えて、調教師になって蓄積した馬づくりの要諦――異なる視点から語られるメッセージが馬券検討のヒントになる。

世界はなぜ地獄になるのか
橘 玲 457

「誰もが自分らしく生きられる社会」の実現を目指す「社会正義」の運動が、キャンセルカルチャーという異形のものへと変貌していくのはなぜなのか。リベラル化が進む社会の光と闇を、ベストセラー作家が炙り出す。

ニッポンが壊れる
ビートたけし 462

「この国をダメにしたのは誰だ?」天才・たけしが壊れゆくニッポンの“常識”について論じた一冊。末期症状に陥った「政治」「芸能」「ネット社会」を一刀両断！　盟友・坂本龍一ら友の死についても振り返る。